Olesch/Paulus
Innovative Personalentwicklung in der Praxis

Innovative Personalentwicklung in der Praxis

Mitarbeiter–Kompetenz
prozessorientiert aufbauen

von
Dr. Gunther Olesch

und
Georg J. Paulus

C.H.Beck
Wirtschafts
Verlag

Die Deutsche Bibliothek – CIP-Einheitsaufnahme

Olesch, Gunther:
Innovative Personalentwicklung in der Praxis : Mitarbeiter-
Kompetenz prozessorientiert aufbauen / von Gunther Olesch
und Georg J. Paulus. – München : Beck WirtschaftsVerl., 2000
   ISBN 3-406-46209-X

ISBN 3 406 46209 X

© 2000 Beck WirtschaftsVerlag in:
Verlag C. H. Beck oHG
Wilhelmstraße 9, 80801 München

Druck: Kösel GmbH & Co, Wartenseestr. 11, 87435 Kempten
Satz: Fotosatz H. Buck, Zweikirchener Straße 7, 84036 Kumhausen
Umschlaggestaltung: Bruno Schachtner, Grafik-Werkstatt, Dachau
Gedruckt auf säurefreiem, alterungsbeständigem Papier
(hergestellt aus chlorfrei gebleichtem Zellstoff)

Vorwort

„Der Mensch steht im Mittelpunkt." Diesen Satz hat sicher jeder
Leser schon oft genug gehört – vielleicht sogar selbst im Munde
geführt. Häufig geht es dabei eher darum, die Mitarbeiter der eigenen Wertschätzung zu versichern. Praktisch hat der Satz weniger Konsequenzen.

Wenn wir diesen Satz an den Anfang unseres Buches stellen, dann
deshalb, weil wir tatsächlich glauben, dass die Mitarbeiter die be-
deutsamste Ressource sind, über die ein Unternehmen verfügen
kann. Das wollen wir ernst nehmen und Wege zeigen, wie man
Personal (also Menschen) systematisch so entwickeln kann, dass
sie engagiert, eigenverantwortlich und kreativ die Zukunft des
Unternehmens gemeinsam gestalten und sichern.

Viele kümmern sich ganz intensiv um die Technik, andere beschäftigen sich akribisch mit dem Geld, wieder andere befassen
sich leidenschaftlich mit den Kunden. Das ist alles sehr wichtig!
Mit diesem Buch wollen wir einen Beitrag dazu leisten, dass die
Beschäftigung mit dem Personal – mit den Menschen im Unternehmen – mindestens den gleichen Stellenwert erhält.

Das wollen wir nicht aus der Haltung von Predigern oder Theo-
retikern tun, sondern als Praktiker, die wissen, wie man es macht.
Wir präsentieren mit diesem Buch eine praxisorientierte und
pragmatische Personalentwicklung. Dabei stehen theoretische
Perfektion oder die Orientierung am Zeitgeist nicht im Vordergrund. Wir sind primär am praktischen Nutzen für Ihr Unternehmen und seine Mitarbeiter interessiert. Alle Inhalte sind in der
Praxis erprobt und so dargestellt, dass sie auch mit Hilfe der bei-
liegenden ⊚ leicht umgesetzt werden können.

*Lieber 80 Prozent einer Idee umsetzen, als das Ziel 100 Prozent anzu-
streben, ohne es je zu erreichen.*

Nach unserer Erfahrung wird Personalentwicklung so tatsächlich
zu einem entscheidenden Beitrag zum Erfolg eines Unternehmens und der Mensch steht wirklich im Mittelpunkt.

Blomberg, im April 2000   *Die Autoren*

Inhaltsverzeichnis

1. Zukunftssicherung durch Personalentwicklung

*Letzten Endes kann man alle wirtschaftlichen Vorgänge auf drei
Worte reduzieren: Menschen, Produkte und Profite. Die Men-
schen stehen dabei immer an erster Stelle. Wenn man kein gutes
Team hat, kann man mit den beiden anderen nicht viel anfan-
gen.*
Lee Iacocca

1.1 Die Anforderungen des Marktes

Ein Unternehmen kann im Markt bestehen, wenn es für seine
Produkte genügend Abnehmer findet, die dafür die Preise zahlen,
die nötig sind, um die Kosten zu decken, Gewinne zu machen
und zu wachsen. Die Zukunftssicherung eines Unternehmens
hängt also von seiner Fähigkeit ab, Waren und Dienstleistungen so
zu entwickeln, herzustellen und zu vermarkten, dass sie den Anforderungen der Kunden entsprechen. Das klingt einfach, stellt
sich in der Praxis allerdings als immer größere Herausforderung
dar.

**Zukunftssicherung
durch Kundenorien-
tierung**

Der Markt fordert heute viel von Unternehmen. Die folgenden
Punkte sind nur eine kleine Auswahl aus dem Forderungskatalog.

1.1.1 Flexibilität

Flexibilität ist in der „Service-Diaspora Deutschland" leider nicht
immer selbstverständlich. Wir denken noch zuviel in angebots-
anstatt in kundenorientierten Bahnen. Kunden erwarten immer
mehr, dass sich Unternehmen auf ihre ganz individuellen Bedürfnisse einstellen. Sie bestehen darauf, dass das, was sie dem Unternehmen abnehmen, genau dann geliefert wird, wenn sie es brauchen, genau dorthin geliefert wird, wo sie es brauchen, genau die
Eigenschaften hat, die für sie wichtig sind, und zu dem Preis er-

**Was Kunden
erwarten**

Globalisierung

stellt wird, der für sie akzeptabel ist. Kunden richten sich nicht nach den Bedürfnissen ihrer Lieferanten. Lieferanten haben sich nach den Kunden zu richten. Dadurch kommen starke Auftrags- und Produktionsschwankungen zustande. Diesen muss ein Unternehmen entsprechen (Olesch, 1997). Auch die Globalisierung fordert die Flexibilität der Unternehmen. Damit ein weltumspannender Kundenkontakt möglich ist, muss sich die Arbeitsorganisation auch an den Zeitverhältnissen im interkontinentalen Markt orientieren. Viele Unternehmen haben flexible Arbeitszeiten und Arbeit in Gruppen eingeführt, um den variablen Ansprüchen der Kunden gerecht werden zu können. Oberstes Ziel ist Termintreue bei hoher Qualität und geringsten Kosten (Grap/Gebbert, 1995).

Die Tatsache, dass die Mitarbeiter zeitlich dann verfügbar sind, wenn es die Auftragslage erfordert, befriedigt jedoch nur einen Teil der Anforderungen, die sich aus der Notwendigkeit zur Flexibilität ergibt. Darüber hinaus rückt die Qualifizierung der Mitarbeiter in den Vordergrund. Neue Formen der Arbeitsorganisation erfordern nicht nur ein Mehr an fachlicher Qualifikation – sie ist erforderlich, um ein größeres Spektrum an Tätigkeiten abzudecken –, sondern auch mehr soziale Kompetenz, die die reibungslose Zusammenarbeit im Team ermöglicht. Personalentwicklung ist die unternehmerische Funktion, die dafür sorgt, dass alle Mitarbeiter die Qualifikation erhalten, die den derzeitigen und zukünftigen Anforderungen entspricht. Personalentwicklung trägt also dazu bei, dass Flexibilität möglich wird.

1.1.2 Innovation

Den Kunden mit Innovationen überraschen

Kunden erwarten nicht nur, dass Unternehmen sich auf ihre Bedürfnisse einstellen. Sie wollen auch von ihren Lieferanten positiv überrascht werden mit Lösungen, die weit über das hinausgehen, was sie selbst erwartet hatten. Dafür müssen diese weit über die aktuell geäußerten Anliegen der Kunden hinaus denken, Produkte entwickeln und Fragen beantworten, die noch kein Kunde gestellt hatte. Diese Innovationen bieten einzigartigen Nutzen und sind damit natürlich mehr wert als Standardlösungen.

Innovative Unternehmen, die ständig Waren oder Dienstleistungen auf den Markt bringen, die den Kunden neuen und einzigartigen Nutzen bieten, haben in der Regel auch keine Probleme, angemessene Preise zu erzielen.

Innovation entsteht allerdings nur, wenn hoch qualifizierte Mitarbeiter in einem kreativitätsfördernden Umfeld und unter motivierenden Arbeitsbedingungen arbeiten können. Auch in diesem Fall spielt also Personalentwicklung als Erfolgsfaktor eine wesentliche Rolle. Sie sorgt für Qualifizierung, sie entwickelt Führungskräfte, die ihre Mitarbeiter motivieren und begleitet Prozesse, die zur Optimierung der Arbeitsprozesse und der Zusammenarbeit im Team beitragen.

Kreativität

1.1.3 Produktivität

Durch gesteigerten internationalen Wettbewerb ist ein permanenter Preisverfall zu beobachten. Unternehmen müssen daher Maßnahmen ergreifen, um ihre Kosten zu senken. Durch die Erweiterung von Maschinen- und Betriebsnutzungszeiten können die Kosten bis zu einem gewissen Grad gesenkt werden. Flexible Arbeitszeiten und leistungsabhängige Vergütungssysteme tragen ihren Teil dazu bei, die Kapazitäten optimal auszunutzen. (Olesch, 1997). Ihre erfolgreiche Anwendung erfordert wiederum qualifizierte Führungskräfte, die nicht nur in der Lage sind, ein Team zu motivieren, sondern auch jeden einzelnen Mitarbeiter entsprechend seiner Leistung zu beurteilen, einzusetzen und zu fördern. Diese Führungskräfte fallen nicht vom Himmel, sie werden systematisch durch die Personalentwicklung aufgebaut und qualifiziert.

Produktivität braucht Qualifikation

Die deutlichste Steigerung der Produktivität wird durch den Einsatz modernster Technologie erreicht. Wer die Möglichkeiten der Automatisierungstechnik anwendet und die Produktionsprozesse optimiert, kann auch bei fallenden Preisen mit seinen Wettbewerbern weltweit Schritt halten. Auch diese Möglichkeit ist ohne funktionierende Teams aus hochqualifizierten Fach- und Führungskräften versperrt. Personalentwicklung liefert sie.

1.1.4 Service

Eine weitere Erfolgsmöglichkeit für Unternehmen ist es, die eigenen Produkte und Dienstleistungen durch herausragenden Ser-

vice mit einem Zusatznutzen zu versehen, der ein höheres Preis-
niveau rechtfertigt. Was früher vor allem für den Investitionsgü-
termarkt galt, lässt sich heute bis in den Privatkundenmarkt ver-
allgemeinern. Es reicht nicht mehr, ein Produkt (egal ob es sich
um eine komplexe Anlage in der Industrie oder die Waschma-
schine im Privathaushalt handelt) bereit zu stellen. Kunden erwarten, dass eine Sache sachgerecht installiert wird, dass sie eine
verständliche Einführung erhalten, die sie in die Lage versetzt, das
Service als Zusatz- erworbene Gut einfach und mit dem erwarteten Nutzen zu be-
nutzen   dienen. Sie erwarten eine Hotline, die aufkommende Fragen beantwortet und Hilfestellung bei Problemen gibt, und sie wollen
darauf vertrauen können, dass das Produkt, wenn es einmal durch
eine Störung ausfallen sollte, binnen kürzester Zeit von einem
freundlichen und qualifizierten Fachmann wieder instand gesetzt
wird.

Leider werden auch diese qualifizierten, jederzeit motivierten und
kundenorientiert denkenden Mitarbeiter weder von Schulen
noch von Universitäten ausgebildet, dort erhalten sie allenfalls die
Basis aus Fach- und Methodenkompetenz. Für den Rest übernimmt wiederum die Personalentwicklung in enger Zusammenarbeit mit den Führungskräften die Verantwortung.

1.2 Die Aufgabe der Personalentwicklung

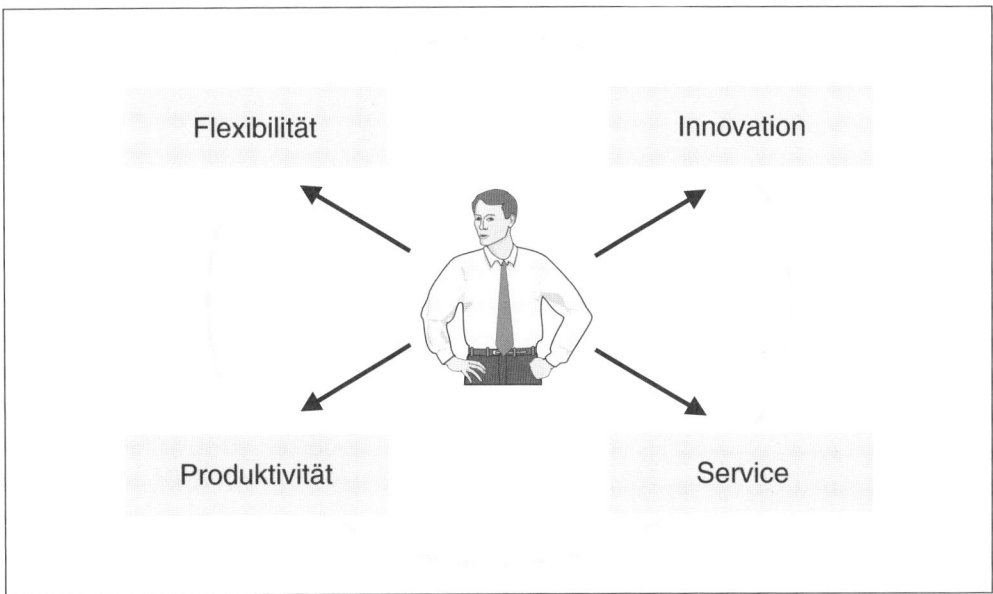

Abb. 1: Der Mensch im Mittelpunkt

Wenn wir heute davon sprechen, dass der Mensch im Mittelpunkt steht, liegt dem keine Sozialromantik zugrunde, sondern die Erkenntnis, dass die Menschen mit ihrem Potential und ihren Ressourcen an Kompetenz, Kreativität und Engagement die zentralen Erfolgsfaktoren moderner Unternehmen sind. Personalentwicklung sorgt dafür, dass diese Ressourcen aktiviert werden können.

Mitarbeiter als Erfolgsfaktor moderner Unternehmen

Daraus definieren sich die im Folgenden beschriebenen Handlungsfelder der Personalentwicklung:

1.2.1 Kompetenzentwicklung

Wir haben gesehen, dass die Qualifikation der Mitarbeiter von zentraler Bedeutung ist. Die Anforderungen an die Mitarbeiter steigen kontinuierlich und sind zudem einem ständigen Wandel unterworfen. In dieser Situation braucht ein Unternehmen Mit-

Kontinuierliches Lernen

arbeiter mit hoher Kompetenz – Menschen, die mit komplexen Technologien und Arbeitssituationen erfolgreich umgehen können und sich durch kontinuierliches Lernen für den Wandel fit halten.

Die Frage nach der erforderlichen Kompetenz stellt sich auf drei Ebenen:

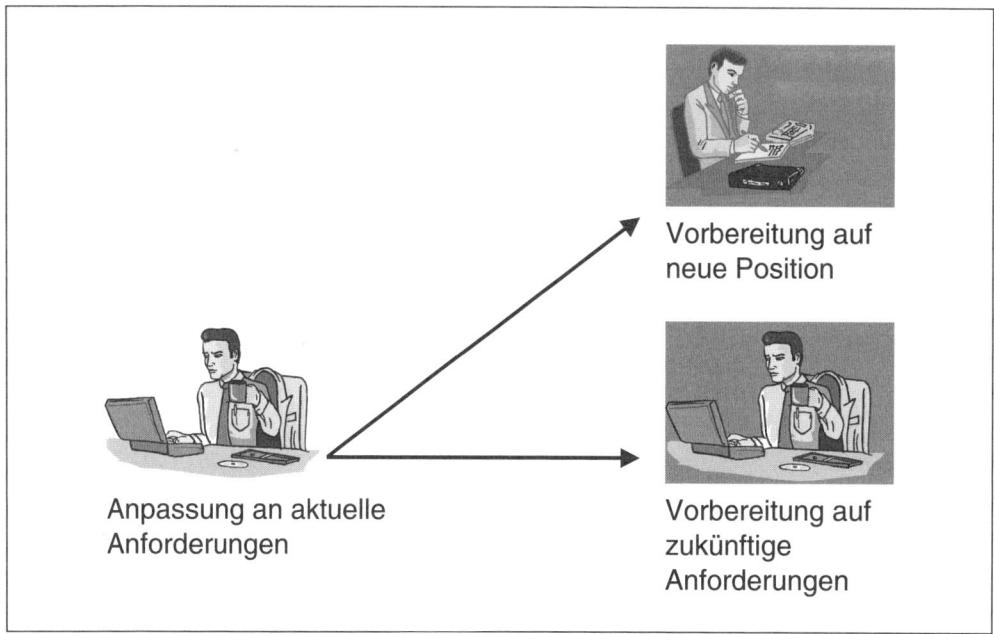

Abb. 2: Kompetenzentwicklung einzelner Mitarbeiter

Auf der Ebene der einzelnen Mitarbeiter geht es darum, jeden für sich mit der Kompetenz auszustatten, die er für die erfolgreiche Übernahme seiner Aufgaben braucht.

Aktuellen und zukünftigen Anforderungen gerecht werden

Personalentwicklung hat hier den Auftrag, alle Mitarbeiter so zu qualifizieren, dass an jeder Stelle im Unternehmensprozess jederzeit kompetent gehandelt werden kann. Qualifizierung mit diesem Ziel optimiert nicht nur die Kompetenz der Mitarbeiter, in ihrer gegenwärtigen Position die Anforderungen zu erfüllen, sie macht sie auch vorausschauend fit für die Anforderungen, die ih-

re Stelle in der Zukunft bereithalten wird, oder bereitet sie auf die
Übernahme anderer Aufgabenfelder vor.

Wie die Personalentwicklung ihrem Auftrag auf dieser Ebene
der Kompetenzentwicklung gerecht werden kann, beschreiben
Kapitel 3 und 4.

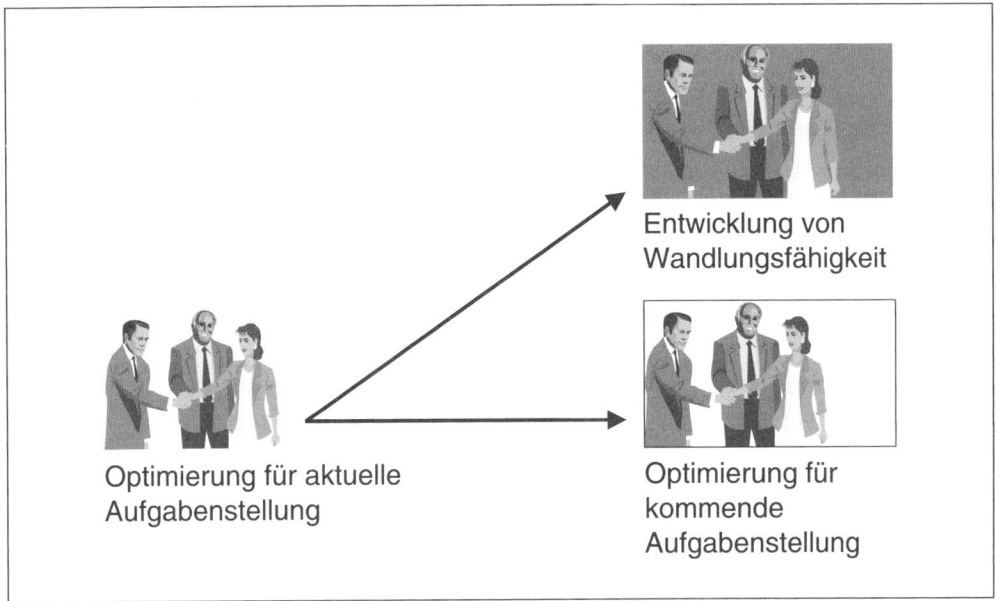

Abb. 3: Kompetenzentwicklung von Teams

Auf der Ebene von Teams oder Arbeitsgruppen geht es um die
Fähigkeit dieser Einheiten, die Einzelleistungen der Mitglieder zu
einer Gesamtleistung zusammenzufassen, die mehr ist als die
Summe der Einzelleistungen.

Personalentwicklung hat an dieser Stelle den Auftrag, aus einzelnen Mitarbeitern Teams zu formen, die eine funktionierende Ar-
beitsteilung leben, in der unterschiedliche Persönlichkeiten und
Talente sich optimal ergänzen. PE entwickelt die Kompetenz der
Teams zu zielgerichteter Kooperation. Dies geschieht bezogen auf
aktuelle oder kommende Aufgabenstellung der Teams. Darüber
hinaus ist es Aufgabe der PE, die Veränderungsfähigkeit der Teams
zu entwickeln, die sich immer häufiger mit völlig neuen Aufga-

**Ein Team ist mehr
als die Summe
seiner Teile**

ben unter neuen Rahmenbedingungen auseinandersetzen müssen. Der Wandel ist die Norm. Personalentwicklung macht Teams wandlungsfähig.

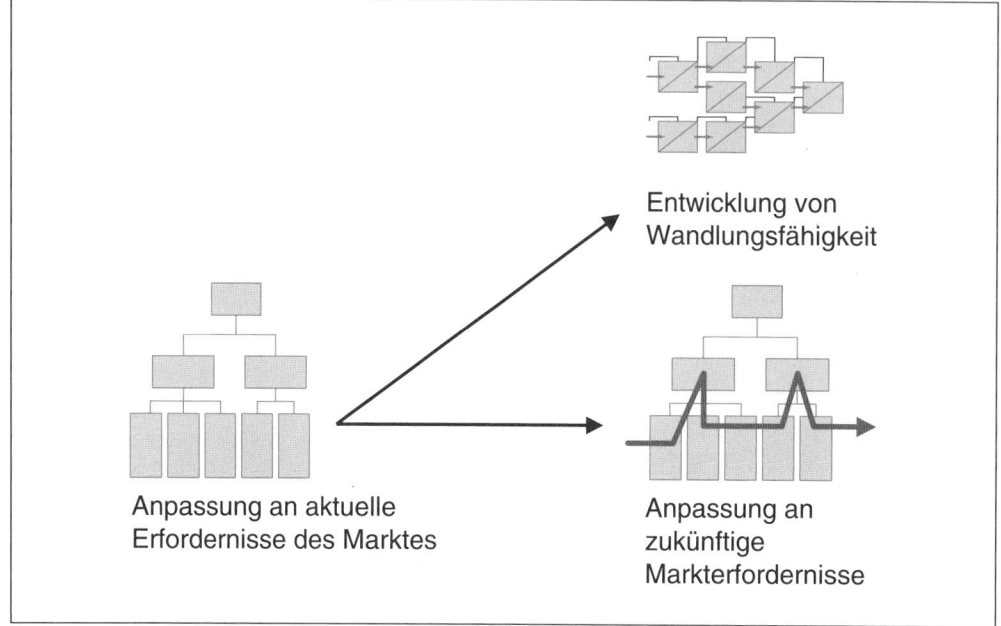

Abb. 4: Kompetenzentwicklung der Organisation

Entwicklung der Organisation

Auch auf der Ebene größerer Einheiten oder gesamter Organisationen kann man von Kompetenzen sprechen, die von der Personalentwicklung entwickelt werden. Auch Organisationen sind mehr oder weniger gut in der Lage, ihre Aufgaben im Markt zu bewältigen. Personalentwicklung hat auch hier eine wichtige Aufgabe: Sie trägt zur Entwicklung einer kunden- und leistungsorientierten Organisationskultur bei. Sie erleichtert strukturelle Anpassungsprozesse und entwickelt die Fähigkeit zur Gestaltung des organisatorischen Wandels.

Wie die Personalentwicklung Teams und Organisationen entwickelt, lesen Sie in Kapitel 5.

1.2.2 Wissensmanagement

Zum Handeln in komplexen und dynamischen Marktsituationen sind Organisationen in zunehmendem Maße auf Wissen angewiesen. Information aus allen Enden der Welt zu allen möglichen Fragestellungen stehen heute in einer Fülle zur Verfügung, die vor wenigen Jahren noch undenkbar war. Es zeigt sich aber immer deutlicher, dass das nicht ausreicht, ja sogar zusätzliche Probleme schafft. Die Bewältigung der entstandenen „Informationsflut" ist eines davon. Zum erfolgreichen unternehmerischen Handeln reicht es nicht aus, möglichst viel Information zu sammeln. Es kommt vielmehr auf die Fähigkeit an, Informationsquellen zu bewerten, zielgerichtet zu nutzen und bestehende Information mit neu gewonnener so zu kombinieren, dass effektives und effizientes Handeln ermöglicht wird. Dieses Handlungs-Wissen entscheidet über Innovations- und Anpassungsmöglichkeiten im Unternehmen und ist in der Regel an Personen gebunden. Personalentwicklung, die Kompetenzen von Mitarbeitern und Teams fördert, trägt in diesem Sinne zum Aufbau und Ausbau des erforderlichen Wissens bei.

Wissen ist mehr als Information

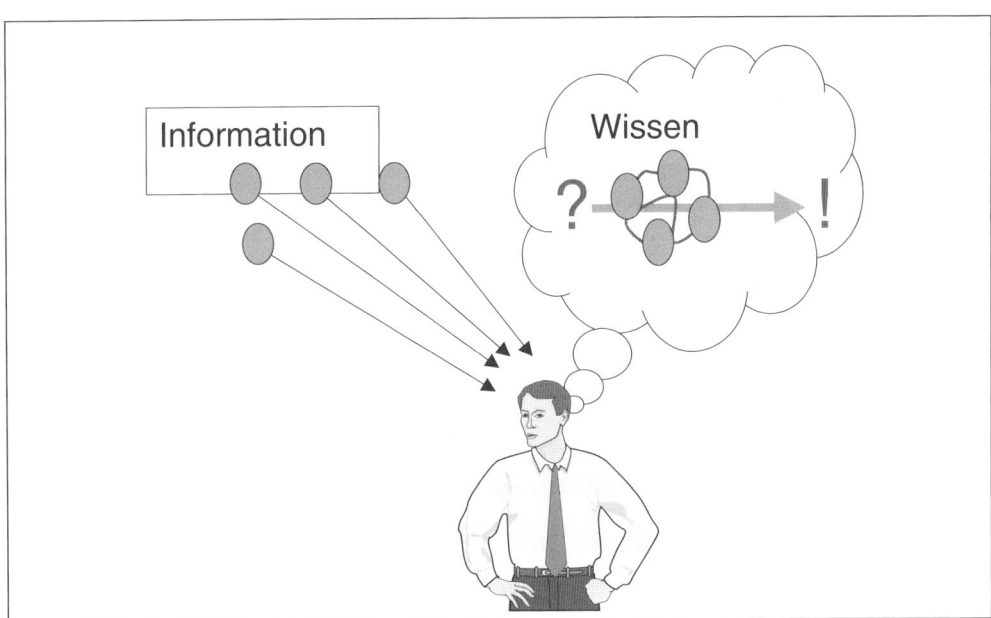

Abb. 5: Personengebundenes Wissen

Die Bindung des Wissens an Personen bringt eine zusätzliche Aufgabe an die Personalentwicklung mit sich: Wissen sollte im Unternehmen nicht an wenige „Know-how-Träger" gebunden sein, es sollte auf breiter Basis zur Verfügung stehen. Auch „Know-how-Träger" sind – wie alle übrigen Menschen auch – nie ganz Teil einer Organisation. Sie sind es nur zeitlich befristet mit einem Teil ihrer Person und sie können das Unternehmen verlassen. Jeder kennt das Problem, das daraus resultiert, wenn ein „Know-how-Träger" das Unternehmen verlässt.

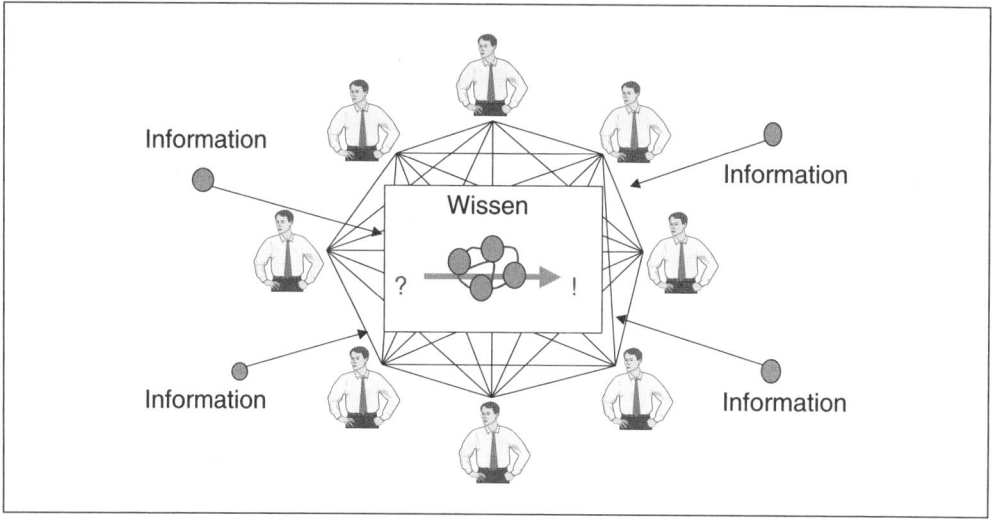

Abb. 6: Wissensmanagement

Personalentwicklung hat im Rahmen des Wissensmanagements zwei Ziele. Das im Unternehmen vorhandene Wissen soll einer breiten Basis zugänglich gemacht werden. Ein Unternehmen kann um so erfolgreicher sein, je breiter die Wissensbasis aller Mitarbeiter ist. Zum zweiten geht es darum, neues Wissen zu erarbeiten, das heißt neue Handlungsmöglichkeiten für die unterschiedlichsten Zukunftsszenarien zu sichern. Dieser Aufgabe wird die Personalentwicklung gerecht, indem sie Systeme zur Aufbereitung sowie Medien zur Speicherung und Verbreitung des Wissens im Unternehmen mit gestaltet. Durch die Moderation und Gestaltung von Lern- und Problemlösungsprozessen trägt sie dazu bei, dass neues Wissen entsteht. Ansätze dazu finden Sie in Kapitel 5.

2. Kundenorientierung der Personalentwicklung

Der Nutzen der Personalentwicklung für das Unternehmen ist dann am größten, wenn sie sich ständig ihres Auftrages bewusst ist. Personalentwicklung ist keine Kunst, die um ihrer selbst willen betrieben wird. Sie hat nur dann einen Sinn und eine Daseinsberechtigung, wenn sie zur Existenzsicherung und zum Wachstum des Unternehmens beiträgt. Sie ist eine interne Dienstleistungsfunktion, die die zentralen Geschäftsprozesse der Organisation unterstützt.

Personalentwicklung als Dienstleister

Von Kunden war schon mehrfach die Rede. Wer aber ist damit gemeint und was bedeutet Kundenorientierung? Letztendlich kann man jede Beziehung, in der es um den Austausch von Waren und Dienstleistungen zwischen Personen, Teams oder Organisationen geht, als Kunden-Beziehung definieren.

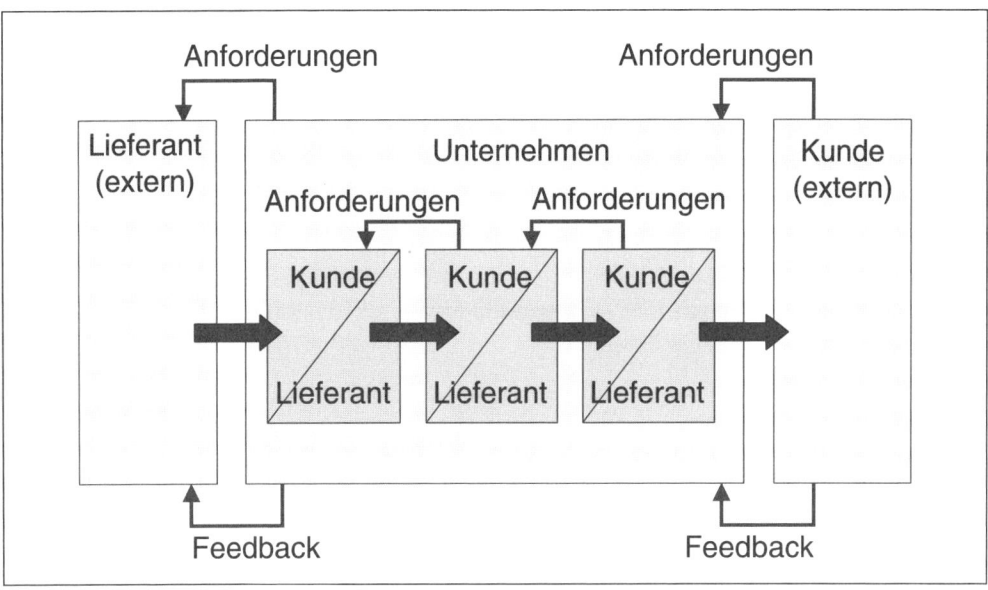

Abb. 7: Externe und interne Kundenbeziehungen

**Externe Kunden-
beziehung**

Nach außen hat ein Unternehmen (externe) Kunden. Für sie erstellt es seine Produkte und Dienstleistungen. Diese werden gerne angenommen, wenn sie den Anforderungen der Kunden entsprechen. Daher ist es wichtig, kontinuierlich mit den Kunden in einem Dialog zu sein, in dem man sich präzise über deren Anforderungen informiert und seine Leistungen darauf abstimmt. Nach erfolgter „Lieferung" ist es wichtig, vom Kunden ein Feedback zu erhalten, das Auskunft darüber gibt, wie genau die Leistungen den Anforderungen entsprachen. Dieser Austauschprozess ist die Voraussetzung für die eigene Qualität und deren kontinuierliche Verbesserung. Das Unternehmen selbst verfügt natürlich über eine Reihe von (externen) Lieferanten, denen gegenüber es selbst in der Rolle des Kunden ist.

**Interne Kunden-
Lieferanten-Ver-
hältnisse**

Was für das Unternehmen als Ganzes gilt, lässt sich auch auf seine Teile übertragen. Die einzelnen Teile des Unternehmens stehen zueinander in ähnlichen Kunden-Beziehungen. Zusammengenommen ergibt sich eine Prozesskette, an deren Anfang ein Input von externen Lieferanten aufgenommen wird und an deren Ende ein Produkt oder eine Dienstleistung an einen externen Kunden abgegeben wird. Dazwischen hat jede organisatorische Einheit neben einer ganzen Reihe interner Lieferanten, von denen sie das erhält, was sie für die eigene Arbeit benötigt, ihre internen Kunden, denen sie die eigenen Ergebnisse zur weiteren Bearbeitung zur Verfügung stellt.

Im Gegensatz zu den Einheiten, die zusammen die zentralen Geschäftsprozesse bilden, welche in direkter Linie die Leistungen für die externen Kunden erbringen (z.B. Auftragsannahme → Einkauf → Teilefertigung → Montage → Versand), ist die Personalentwicklung ein reiner interner Dienstleister. Ihr Auftrag ist es, durch ihre Leistung alle übrigen Einheiten des Unternehmens zu unterstützen.

Um ihre Aufgaben optimal erfüllen zu können muss die Personalentwicklung ihre Verantwortung als interner Dienstleister jederzeit ernst nehmen. Sie muss ihre (internen) Kunden genau kennen.

2.1 Die Mitarbeiter als Kunden der Personalentwicklung

Jeder einzelne Mitarbeiter des Unternehmens ist für sich genommen ein Kunde der Personalentwicklung. Personalentwicklung entwickelt „Personal". „Personal" ist keine passive Masse, „Personal" sind die Menschen im Unternehmen, selbstbewusst handelnde Individuen mit jeweils eigenen Motiven und Zielen. Personalentwicklung hilft ihnen, auf Dauer im Unternehmen, mit dem Unternehmen und für das Unternehmen erfolgreich zu sein.

Der Erfolg des Menschen als Ziel der Personalentwicklung

Bis vor wenigen Jahrzehnten war es für die meisten Arbeitnehmer üblich und erstrebenswert, das gesamte Erwerbsleben in nur einem Unternehmen – teilweise sogar in einer Funktion – zu verbringen. Das wird in Zukunft immer weniger der Fall sein. Die Anforderungen an die Menschen im Unternehmen verändern sich immer schneller. Organisationen sind in immer kürzeren Zyklen gezwungen, sich selbst umzugestalten.

Das Unternehmen braucht natürlich Mitarbeiter, deren Kompetenzen jederzeit den aktuellen Anforderungen gerecht werden. Wenn sich die Anforderungen ändern, werden Mitarbeiter mit neuen bzw. zusätzlichen Kompetenzen gebraucht. Dieses Problem durch einen dauernden Austausch der Mitarbeiter zu lösen, hätte schwerwiegende Konsequenzen. Unternehmen brauchen ein Mindestmaß an personeller Kontinuität, um langfristig Visionen zu realisieren und eine starke Unternehmenskultur aufrecht zu halten. Daher ist eine hohe Fluktuation nicht erstrebenswert.

Unternehmen müssen also dafür sorgen, dass die Mitarbeiter auch in Zukunft erfolgreich ihre – wahrscheinlich veränderten – Aufgaben bewältigen. Damit werden Flexibilität, Lernfähigkeit und Veränderungsbereitschaft zu Kernkompetenzen. Mitarbeiter, die über sie verfügen, sind vielfältig einsetzbar und sichern auch in Zukunft die Fähigkeit zum Erreichen der unternehmerischen Ziele. Personalentwicklung sichert die Beschäftigungsfähigkeit der Mitarbeiter.

Beschäftigungsfähigkeit

Aus der Sicht der Mitarbeiter kommt ein weiterer Aspekt hinzu: Zunächst liegt es natürlich auch in ihrem eigenen Interesse, die eigene Beschäftigungsfähigkeit durch eine derartige Weiterentwicklung der eigenen Kompetenzen zu erhalten. Wer klug ist, wird diesen Weg zielgerichtet beschreiten und erleben, wie sich immer wieder neue und interessante Tätigkeitsfelder eröffnen, wie immer neue Herausforderungen bewältigt werden und die eigene Handlungskompetenz stetig wächst. Diese Mitarbeiter werden dabei erleben, dass der eigene Wert für das Unternehmen steigt. Sie werden sich zunehmend ihres Wertes bewusst und stellen zu Recht die Frage, ob das Unternehmen seinerseits einen entsprechenden Gegenwert und interessante Zukunftsperspektiven bietet.

Die Attraktivität am Arbeitsmarkt sichern

Der Auftrag an die Personalentwicklung ist es hier, durch die zukunftsorientierte Entwicklung der Kompetenzen der Mitarbeiter deren Beschäftigungsfähigkeit zu steigern und gleichzeitig durch die Schaffung interessanter Beschäftigungsperspektiven und attraktiver Karrieremöglichkeiten die Menschen an das Unternehmen zu binden. Das erhöht wiederum die Attraktivität des Unternehmens für andere Fach- und Führungskräfte mit hoher Kompetenz und sichert den Ausgleich der immer vorhandenen – und in geringem Umfang auch sinnvollen und gewollten – Fluktuation.

Menschen und Unternehmen als Gewinner

Hier befriedigt Personalentwicklung nicht nur die Bedürfnisse der Mitarbeiter, sie leistet einen wesentlichen Beitrag, das Verhältnis zwischen Unternehmen und Mitarbeitern in eine Win-Win-Beziehung umzuwandeln, d.h. beide an einer Stelle zu Gewinnern zu machen, die traditionell eher als Nullsummen-Konflikt, in dem es nur einen Gewinner und zwangsläufig auch einen Verlierer geben kann, dargestellt wird.

Das Interesse des Unternehmens	=	**Das Interesse der Mitarbeiter**
Die Kompetenzen der Mitarbeiter genügen den gestellten Anforderungen.	=	Das Unternehmen bietet interessante Tätigkeiten und einen attraktiven Gegenwert zur eigenen Leistung.
Die Mitarbeiter haben das Potenzial, die zukünftig erforderlichen Kompetenzen zu entwickeln.	=	Das Unternehmen hat das Potenzial, auch zukünftig interessante Tätigkeiten und Karriereperspektiven zu bieten.

2.2 Führungskräfte und Unternehmensleitung als Kunden der Personalentwicklung

Ich mache mir viel Gedanken um die Zukunft, denn sie ist der Ort, wo ich meine meiste Zeit verbringen werde.
Bill Gates

Die Verfolgung der individuellen Einzelinteressen der Mitarbeiter stößt an ihre Grenzen, wo das Gesamtinteresse des Unternehmens zum Zuge kommen muss.

Das entsprechende Handeln der PE darf nicht von Improvisationen und Reaktionen auf Bedingungen und Gegebenheiten bestimmt werden, sondern es muss als integraler Bestandteil der strategischen Unternehmensführung unternehmenspolitische Belange verfolgen und dabei personalpolitische Aspekte in die unternehmerische Zielsetzung und Entscheidungsfindung der Zukunft einbringen.

Strategie umsetzende Personalentwicklung

Erfolgreiche Unternehmen besitzen eine Vision. Sie beschreibt, was die Firma im Markt für sich und die Kunden erreichen will. Eine starke Vision ist die Wurzel für die Identifikation der Mitarbeiter und eine wesentliche Quelle für die Akzeptanz im Markt.

Abb. 8: Visionen

Visionen, Strategien und Ziele

Zur Verfolgung der Vision erarbeiten Unternehmen Strategien, die konkret aufzeigen, welche Ziele in der Zukunft durch welche Aktivitäten erreicht werden sollen. In diesem Prozess der Konkretisierung entstehen in allen Bereichen des Unternehmens Teilstrategien mit kurz-, mittel- und langfristigen Zielen und Planungen.

Wir haben gesehen, dass die Personalentwicklung den Auftrag hat, auf unterschiedlichen Ebenen die Handlungskompetenz zu erhöhen. Dabei soll sie nicht nur die Fähigkeit, den aktuellen Anforderungen gerecht zu werden, d.h. die kurzfristigen Ziele zu erreichen, optimieren. Sie soll darüber hinaus auf die Anforderungen der Zukunft vorbereiten. Sie soll also die Fähigkeit, langfristige Ziele zu erreichen, weitreichende Strategien zu verfolgen und Visionen zu verwirklichen, sichern.

Das kann sie nur tun, wenn sie selbst ihre Ziele und Aktivitäten streng an der Vision, an den Strategien und an Zielen der Mitarbeiter, der Teams und organisatorischen Einheiten orientiert, deren Kompetenzen sie zu entwickeln hat. Die konkrete Frage, nach den aktuell und zukünftig erfolgsrelevanten Kompetenzen lässt sich nur sinnvoll vor dem Hintergrund der Strategien beantworten. Hier wird wieder der dienende Charakter der Personalentwicklung deutlich. Sie verfolgt keine eigenständigen Ziele, sondern die aus Strategien abgeleiteten unternehmerischen Ziele. Dabei richtet sie sich nach den Werten und Prinzipien, die sich aus der unternehmerischen Vision ableiten.

PE dient Visionen, verfolgt Strategien, fördert Werte

Zum Auftrag der Personalentwicklung gehört es demnach, die Entwicklung der Visionen, die Strategieentwicklung und die damit zusammenhängenden Zielsetzungs- und Planungsprozesse genau zu verfolgen und Schlüsse auf den spezifischen Kompetenzbedarf der Mitarbeiter, Teams und Einheiten abzuleiten.

In den folgenden Kapiteln wird deutlich, wie einzelne Aktivitäten kontinuierlich in die unternehmerischen Zielsetzungs- und Planungsprozesse integriert werden.

2.3   Kundenbefragung

Ein Geheimnis des Erfolgs ist, den Standpunkt des anderen zu
verstehen.
Henry Ford

Um den Anforderungen ihrer Kunden gerecht werden zu können, braucht die Personalentwicklung eine ständige Flexibilität
und Anpassung an die jeweiligen Gegebenheiten des Unternehmens. Sie muss daher kontinuierlich überprüfen, ob die aktuellen
Inhalte und Gestaltungen der eigenen Arbeit diesen Gegebenheiten entsprechen.

In den Vertriebsabteilungen werden seit langem systematische
Analysen der externen Kundenbedürfnisse eingesetzt. Die internen Kunden werden heute noch selten systematisch nach ihren
Erwartungen an die Dienstleistung Personal befragt. Durch Befragung auf diversen Vorträgen haben wir ermittelt, dass z.Z. nur
10 % der Personalbereiche die Meinung ihrer Kunden über die
eigene Dienstleistung abfragen. Viele PE-Verantwortliche gehen
einfach davon aus, die Bedürfnisse ihrer Kunden zu kennen. Das
mag vielleicht so sein, was die Themenwünsche von Qualifizierungsmaßnahmen betrifft. Trotzdem ist es heute unbedingt notwendig, systematische und differenzierte Analysen der Mitarbeiter
zur Beurteilung der Dienstleistung PE im Unternehmen durchzuführen.

Was wollen die Kunden?

Nur im Rahmen kontinuierlicher Kommunikation mit den Kunden können deren Anforderungen und Bedarfe präzise erfasst und
ihr Feedback über die Qualität der eigenen Leistungen eingeholt
werden. Die hierbei gewonnenen Informationen benötigt die
Personalentwicklung nicht nur zur Optimierung der eigenen
Leistung, sondern auch zur eigenen organisatorischen (siehe Kapitel 7) und persönlichen (siehe Kapitel 9) Weiterentwicklung.

In regelmäßigen Abständen ist es notwendig, eine aufwendigere
Erhebung der Kundenbedürfnisse vorzunehmen. Dies geschieht
am einfachsten mit Hilfe einer Befragung von Mitarbeitern und
Führungskräften. Aus den Ergebnissen lassen sich konkrete Maßnahmen zur Optimierung der Personalentwicklung ableiten und
umzusetzen. Durch die Befragung und deren Resultate kann die
Akzeptanz der PE im Unternehmen beträchtlich gesteigert wer-

Regelmäßige Befragung sichert Akzeptanz

den. Das ist zum einen auf die abgeleiteten Leistungsverbesserungen zurückzuführen, die im Unternehmen demonstrieren, dass die Personalentwicklung den Begriff Dienstleistung ernst nimmt. Zum zweiten wirkt allein die Tatsache der Beteiligung positiv auf die Akzeptanz der Ergebnisse.

 Zwei beispielhafte Fragebögen finden Sie unter PE-Serv.doc und PE-ServL.doc

3. Die Mitarbeiter als Kunden der Personalentwicklung

Die Mitarbeiter als Kunden zu betrachten, verlangt von der Personalentwicklung, deren Interessen zu verfolgen. Wir können davon ausgehen, dass jeder in seiner Arbeit Erfolgserlebnisse sucht, und zwar sowohl kurzfristig als auch langfristig bei der Gestaltung der eigenen Karriere (Fuchs, 1998).

Personalentwicklung schafft als Dienstleister für die Mitarbeiter die Erfolgsvoraussetzungen. Sie bietet Orientierung, strukturiert die Entwicklungsprozesse und stellt konkrete Entwicklungsmodule zur Verfügung. Die systematische Entwicklung der Mitarbeiter vollzieht sich in einem Regelkreis, der in Abbildung 9 dargestellt ist.

Erfolgsvoraussetzungen schaffen

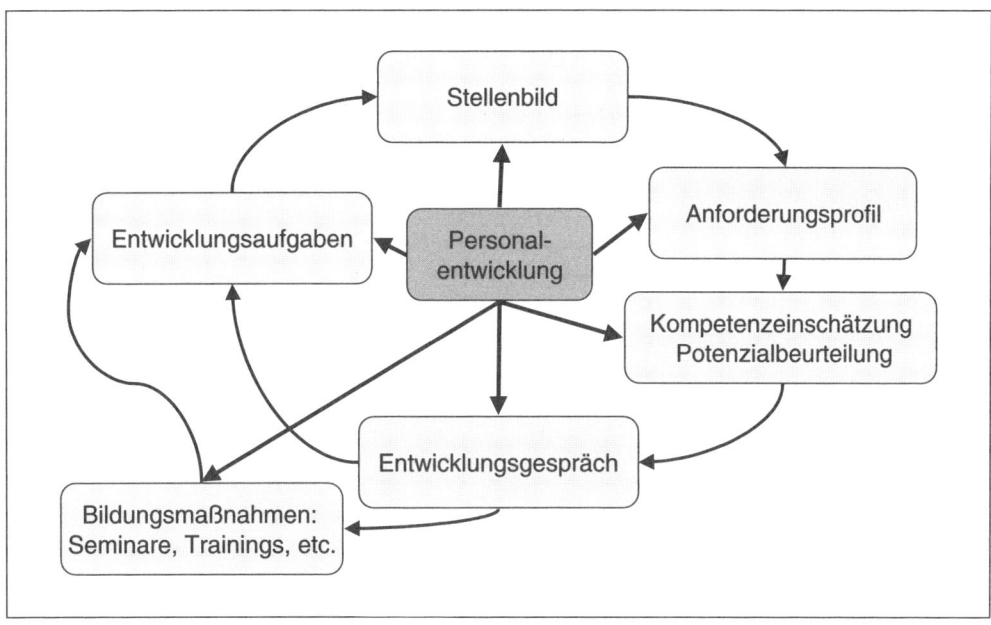

Abb. 9: Regelkreis der Mitarbeiterentwicklung

**Die Logik der
Entwicklung**

Das Stellenbild beschreibt die Aufgaben und Ziele. Aus dem Stellenbild leiten sich die Kompetenzanforderungen ab, die ein Mitarbeiter erfüllen muss, will er in der beschriebenen Stelle erfolgreich sein. Im Dialog mit der Führungskraft findet der Mitarbeiter heraus, inwieweit er den Anforderungen bereits gerecht wird und auf welchen Kompetenzfeldern er sich sinnvoll weiterentwickeln kann und sollte. Diese Weiterentwicklung wird zwischen Mitarbeiter und Führungskraft vereinbart.

 Die Entwicklung vollzieht sich schwerpunktmäßig in der Lösung konkreter Aufgaben, den Entwicklungsaufgaben, und wird durch zusätzliche Bildungsmaßnahmen unterstützt.

3.1 Das Stellenbild

Das Stellenbild ist ein zentrales Instrument der Personalentwicklung.

 Mit dem Stellenbild erhält der Stelleninhaber einen kompakten Überblick über das, was er zu tun hat, welche Ergebnisse von ihm erwartet werden und welche Anforderungen sich daraus für ihn ergeben.

**Stellenbild das
zentrale Instrument**

Noch bevor eine Stelle besetzt wird, ist es wichtig, sich damit auseinanderzusetzen, wie die Stelle ausgestaltet werden soll. Das Stellenbild liefert wichtige Informationen zur Personalgewinnung und Personalauswahl. Aus der enthaltenen Information lässt sich sowohl eine Stellenausschreibung oder -anzeige ableiten als auch die Anforderungskriterien, die bei der Auswahl berücksichtigt werden müssen. Ändert sich die Stelle eines Mitarbeiters, muss auch das Stellenbild angepasst werden. Dies geschieht idealerweise nicht dadurch, dass ein Vorgesetzter die Veränderung festlegt, sondern im Dialog mit dem Mitarbeiter.

Mit dem Stellenbild sind zentrale Zielgrößen für die Mitarbeiterentwicklung beschrieben:

- Leitziel
- Hauptziel
- Schlüsselaufgaben
- Anforderungen

Eine Checkliste finden Sie unter Stell_LE.doc

Im folgenden werden die zentralen Faktoren kurz beschrieben und jeweils anhand von drei Beispielen (Verkäufer eines Dienstleistungsunternehmens, Werkstattleiter in der Produktion, Teamassistentin des Vertriebsleiters) verdeutlicht.

Leitziel

Das Leitziel einer Stelle ergibt sich, indem man die Frage beantwortet: Wie sieht das Ergebnis aus, wenn ein Stelleninhaber die Stelle optimal ausfüllt. Es ist in wenigen Sätzen die positive Definition eines idealen Zustandes, der sich aus dem Wirken des Stelleninhabers ergibt.

Leitziel die Vision der Stelle

- **Verkäufer eines Dienstleistungsunternehmens:**
  Kunden sind von der Qualität der Dienstleistungen des Unternehmens überzeugt. Im Zuständigkeitsgebiet wächst der Kundenstamm quantitativ und qualitativ.
- **Werkstattleiter in der Produktion:**
  Die Werkstatt liefert ihre Produkte in der mit den Kunden vereinbarten Menge, Qualität und Termintreue. Die Werkstattprozesse werden beherrscht und kontinuierlich verbessert.
- **Teamassistentin des Vertriebsleiters:**
  Das Büro funktioniert reibungslos. Der Chef ist von organisatorischen Arbeiten entlastet und kann sich auf seine Hauptaufgaben konzentrieren.

Das Leitziel hat etwas Visionäres und ist insofern noch nicht so konkret, dass es operational überprüft werden kann. Es muss ausdifferenziert werden. Das Ergebnis dieser Ausdifferenzierung sind die Hauptziele der Stelle.

Hauptziele

Die Hauptziele ergeben sich aus der Beantwortung der Frage: Welche Teilziele müssen erreicht werden, damit das Leitziel realisiert werden kann. Der Überschaubarkeit halber sollte man sich hier auf ca. 5 bis 7 Ziele beschränken.

Was soll erreicht werden?

- **Verkäufer eines Dienstleistungsunternehmens:**
  - Kunden nehmen die hohe Fachkompetenz des Unternehmens wahr.
  - Kunden entwickeln ein Vertrauensverhältnis zum Unternehmen und seinen Mitarbeitern.
  - Interessenten werden gefunden. Interessenten werden Kunden.
  - Die Bindung der bestehenden Kunden wächst; die Kunden fühlen sich gut betreut und begleitet.
- **Werkstattleiter in der Produktion:**
  - Kunden- und Lieferantenvereinbarungen sind getroffen und werden konsequent eingehalten.
  - Die Mitarbeiter sind zielorientiert geführt.
  - Ein aktiver kontinuierlicher Verbesserungsprozesses wird permanent gelebt.
  - Kostenvorgaben werden gemäß den Unternehmenszielen eingehalten.
- **Teamassistentin des Vertriebsleiters:**
  - Termine des Vertriebsleiters laufen planmäßig; es ergibt sich ein optimaler und flexibler Tagesverlauf.
  - Der Informationsaustausch mit allen relevanten internen/externen Personen/Stellen ist sichergestellt. Die Vertriebsleitung ist über das Sekretariat ständig ansprechbar.
  - Die Büroorganisation läuft flexibel, zeitnah, transparent und effizient.
  - Der Vertriebsleiter kann bei Besuchen, Gesprächen und Präsentationen auf gut vorbereitete Unterlagen zurückgreifen.

Hauptziele sind überprüfbar

Die Hauptziele werden so konkret formuliert, dass eine gemeinsame Überprüfung möglich ist.

Schlüsselaufgaben

Im nächsten Schritt werden die Schlüsselaufgaben formuliert. Sie ergeben sich aus den Hauptzielen, indem die Frage, was der Stelleninhaber tun muss, um die Hauptziele zu erreichen, beantwortet wird.

- **Verkäufer eines Dienstleistungsunternehmens:**
  - Akquisition, Kontaktaufnahme.
  - Beratungsgespräche und Verkaufsverhandlung.
  - Persönliche Betreuung der Kunden.
  - Marktbeobachtung und Auswertung der Fremdangebote.   **Was ist zu tun?**
    Marketing (Anzeigen, Messedienst, Internet…).
- **Werkstattleiter in der Produktion:**
  - Organisation des Produktionsablaufes nach dem gültigen Produktionssystem.
  - Einführung von Neuartikeln.
  - Treffen von Kunden- und Lieferanten-Vereinbarungen.
  - Treffen von Zielvereinbarungen mit den Mitarbeitern.
  - Erkennen, Analysieren und Umsetzen von Rationalisierungsschritten unter Beteiligung der Betroffenen.
- **Teamassistentin des Vertriebsleiters:**
  - Kurz-, mittel- und langfristige Terminplanung.
  - Vertretung des Vertriebsleiters während dessen Abwesenheit.
  - Verfolgung und Überwachung von Projekten mittels Wiedervorlage.
  - Vorbereitung von Präsentationen.
  - Vorbereitung von Vertragsunterlagen.

Anforderungen

Die Anforderungen werden abgeleitet, indem die Frage beantwortet wird: Welche Kompetenzen bzw. Qualifikationen muss ein Stelleninhaber mitbringen, um die Schlüsselaufgaben erfolgreich zu bewältigen, also um die Hauptziele zu erreichen? Man unterscheidet hier fachliche und persönliche Kompetenzen und Ausschlusskriterien.   **Was braucht man dazu?**

- **Fachliche Anforderungen**
  - Ausbildungen, Abschlüsse,
  - Branchenerfahrung, Berufserfahrung in vergleichbaren Aufgaben bzw. Fachgebieten,
  - Fachliches Know-how, Fertigkeiten, spezifisches Können,
  - Methodenkenntnisse und -anwendungserfahrungen,
  - Sprachkenntnisse,
  - Technik- und EDV-Know-how.

- **Persönliche Anforderungen**
  - Soziale Kompetenz,
  - Führungskompetenz,
  - Interkulturelle Kompetenz,
  - Persönlichkeit.
- **Ausschlusskriterien**

Fachliche Anforderungen

Bei den fachlichen Anforderungen werden die Fach- und Methodenkompetenzen aufgelistet, die für eine Stelle von besonderer Bedeutung sind. Fachkompetenz ermöglicht es, den sachlichen Kern der Aufgabe zu bewältigen. Methodenkompetenz erlaubt es, die eigene Arbeit jenseits der sachlichen Inhalte effektiv und effizient zu gestalten.

Fachliche Anforderungen

- **Verkäufer eines Dienstleistungsunternehmens:**
  - Dipl.-Ing. der E-Technik/Dipl.-Physiker.
  - 2–3 Jahre Berufserfahrung im technischen Vertrieb/Marketing mit Beratungsfunktion.
  - Erfahrung im Umgang mit der Technologie.
- **Werkstattleiter in der Produktion:**
  - Abgeschlossene Meister- oder Techniker-Ausbildung; alternativ: REFA-Prozessbegleiter.
  - Betriebswirtschaftliches Grundwissen.
  - Mindestens 3 Jahre Berufserfahrung mit Führungspraxis als Meister.
  - Aufgabenabhängige Fachkompetenz (Produkt, Prozess, Technologie).
- **Teamassistentin des Vertriebsleiters:**
  - Kaufmännische Ausbildung oder äquivalente Qualifikation.
  - Gute EDV-Anwendungskenntnisse (Excel, Word, Power-Point …).
  - Berufserfahrung im Vertrieb bzw. in vertriebsnahen Bereichen wünschenswert.
  - Fremdsprachenkenntnisse Englisch.

Persönliche Anforderungen

Die persönlichen Anforderungen bezeichnen die sozialen und persönlichen Kompetenzen, die für den Erfolg eines Stelleninhaber besonders wichtig sind.

Soziale Kompetenzen ermöglichen den Umgang mit anderen Menschen. Von ihnen hängt es ab, wie reibungslos die Kooperation mit Kollegen im Team verläuft, wie erfolgreich die Führung von Mitarbeitern oder die Überzeugung von Kunden – der Verkauf – verläuft. Zur sozialen Kompetenz zählt auch die Fähigkeit zur Zusammenarbeit mit Kunden und Kooperationspartnern aus fremden Kulturen, die interkulturelle Kompetenz. Die persönliche Kompetenz bestimmt, wie bewusst und zielgerichtet ein Mensch mit sich selbst umgeht, ob er zum Beispiel seine Affekte unter Kontrolle hat, wie er mit Belastungen umgeht, ob er selbstständig und eigeninitiativ anspruchsvolle Ziele verfolgt oder sich eher passiv abwartend verhält.

Umgang mit Kollegen, Mitarbeitern, Kunden und mit sich selbst

Persönliche Anforderungen

- **Verkäufer eines Dienstleistungsunternehmens:**
  - Eigeninitiative,
  - Dienstleistungsmentalität,
  - verkäuferisches Geschick/Überzeugungsfähigkeit,
  - beziehungsorientiert,
  - Integrationsfähigkeit.
- **Werkstattleiter in der Produktion:**
  - Offene Kommunikation,
  - Begeisterungsfähigkeit (Betroffene zu Beteiligten machen),
  - zielorientiertes/strategisches Handeln,
  - Zuverlässigkeit,
  - Konfliktfähigkeit.
- **Teamassistentin des Vertriebsleiters:**
  - Vertrauenswürdigkeit und Diplomatie,
  - Stressfestigkeit und Belastbarkeit,
  - Dienstleistungsmentalität,
  - selbstsicheres, verbindliches Auftreten,
  - kundenorientierte Sensibilität und Flexibilität,
  - Gewissenhaftigkeit und Selbstständigkeit.

Ausschlusskriterien geben die Eigenschaften einer Person an, die verhindern, dass ein ansonsten – fachlich wie persönlich – qualifizierter Mitarbeiter die Aufgabe erfolgreich bewältigt. Bei der Formulierung der Ausschlusskriterien sollte man vermeiden, nur

Was zur Disqualifikation führt

das Gegenteil der fachlichen oder persönlichen Anforderungen zu beschreiben.

Ausschlusskriterien

*   **Verkäufer eines Dienstleistungsunternehmens:**
    – auf- bzw. zudringlich.
    – Besserwisser.
*   **Werkstattleiter in der Produktion:**
    – keine Bereitschaft zu Veränderungen,
    – nicht belastbar.
*   **Teamassistentin des Vertriebsleiters:**
    – nicht zeitflexibel,
    – Einzelkämpfermentalität.

Beispiele für Stellenbilder finden Sie unter Stell_FK.doc und Stell_FL.doc

3.2   Das Anforderungsprofil

Wenn man es genauer wissen will

In den weitaus meisten Fällen reicht es für die Mitarbeiterentwicklung aus, sich für die Auseinandersetzung mit den Anforderungen einer Stelle auf die Beschreibungen des Stellenbildes zu beziehen. Immer dann, wenn es sich um herausgehobene Positionen (z.B. Führungspositionen) handelt, sollte man sich mit den Anforderungen etwas intensiver beschäftigen und ein ausführliches Anforderungsprofil verwenden, das angibt, in welchem Ausmaß einzelne Kompetenzen für das erfolgreiche Ausfüllen einer Stelle erforderlich sind.

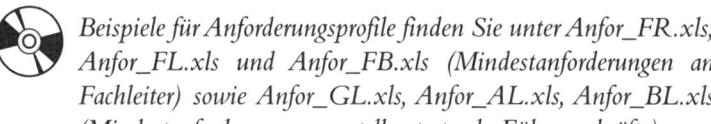

Beispiele für Anforderungsprofile finden Sie unter Anfor_FR.xls, Anfor_FL.xls und Anfor_FB.xls (Mindestanforderungen an Fachleiter) sowie Anfor_GL.xls, Anfor_AL.xls, Anfor_BL.xls (Mindestanforderungen an stellvertretende Führungskräfte).

Das Anforderungsprofil verwendet die gleichen Dimensionen und hat parallele Beurteilungsstufen wie das im Folgenden beschriebene Kompetenzprofil.

3.3   Kompetenzen und Potenziale

In einem unternehmerischen Kontext steht der Leistungsaspekt im Vordergrund. Es kommt vor allem darauf an, was jemand tut. Eine notwendige – wenn auch bei weitem nicht hinreichende – Voraussetzung für das Erbringen von Leistung ist das Vorhandensein der entsprechenden Kompetenzen. Wenn zu dem Können das Wollen und Dürfen hinzukommt, sind alle Voraussetzungen für erfolgreiche Arbeit erfüllt. Mitarbeiter-Potenzial hingegen ist eine eher hypothetische Größe. Das Potenzial bestimmt die Grenzen, bis zu denen jemand seine Kompetenzen weiterentwickeln kann. Das Unternehmen ist am Potenzial der Mitarbeiter interessiert, denn aus vorhandenem Potenzial können neue, erweiterte Kompetenzen erwachsen, die wiederum die Leistungsfähigkeit steigern.

Leistung steht im Mittelpunkt

Kompetenzen sind nicht sichtbar. Beobachtbar sind die Leistungen eines Menschen, die er im Rahmen einer Aufgabe erbringt. Aus den beobachtbaren Leistungen ziehen wir Rückschlüsse auf die Kompetenz. Einem Mitarbeiter, der komplizierteste fachliche

Wie man Kompetenz erkennt

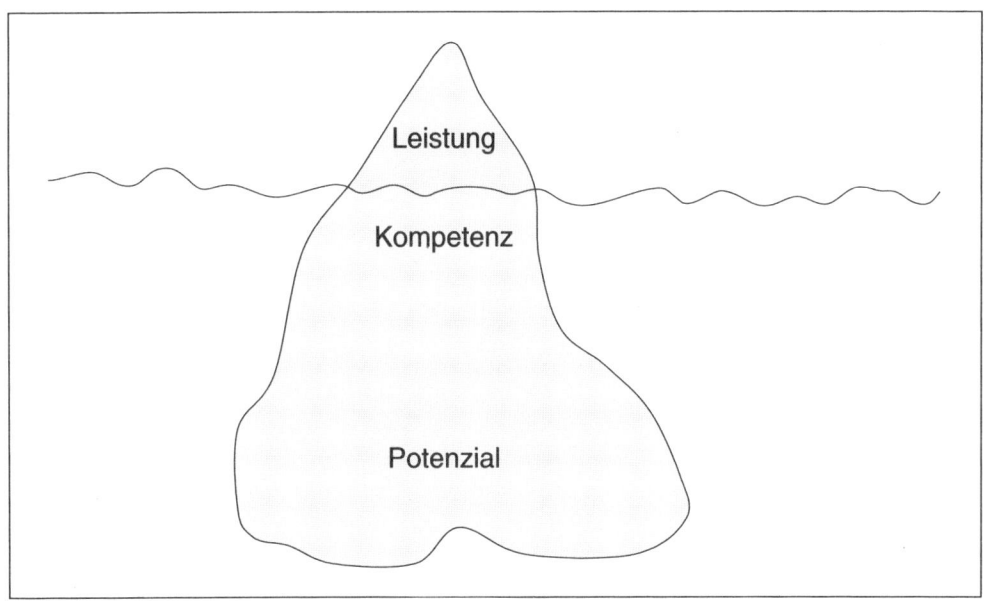

Abb. 10: Leistung, Kompetenz, Potenzial

Aufgaben mit wenig Aufwand in kurzer Zeit bewältigt, schreiben wir eine hohe fachliche Kompetenz zu; einem anderen, der in der Lage ist, auch in komplizierten zwischenmenschlichen Situationen erfolgreich zu kommunizieren und seine Ziele zu verfolgen, schreiben wir eine hohe soziale Kompetenz zu.

Wie Potenzial sichtbar wird

Wenn Potenzial die Fähigkeit zum Erwerb von Kompetenzen ist, lässt sich Potenzial daran erkennen, dass eine Person, wenn es notwendig ist, neue Kompetenzen erwirbt, die sie vorher nicht hatte. Das wiederum erkennt man daran, dass sie nach einem Lernprozess Leistungen erbringt, zu denen sie vorher nicht im Stande war. Wenn wir also wahrnehmen, dass sich ein Mitarbeiter immer dann, wenn es erforderlich ist, schnell und einfach Fähigkeiten aneignet, sagen wir, dass er über ein hohes Potenzial verfügt.

Wie bei einem Eisberg ist die erbrachte Leistung der sichtbare Teil, der aus dem Wasser ragt. Die Kompetenz ist der Teil, der unter der Wasseroberfläche durchschimmert, das Potenzial ist der Teil ganz tief unten, den man nur aus dem Vorhandensein der oberen Teile erschließen kann.

Routine läßt Potenzial verkümmern

Potenzial lässt sich am besten dann feststellen, wenn man die Entwicklung eines Mitarbeiters über einen längeren Zeitraum verfolgt. Voraussetzung ist natürlich, dass er in einer Situation ist, die ständig neue Anforderungen an ihn stellt, die er nur erfolgreich bewältigen kann, wenn er kontinuierlich neue Kompetenzen erwirbt. Über die Frage, ob ein Mitarbeiter über Potenzial verfügt, der dauerhaft an einer – mehr oder weniger – gleichbleibenden Aufgabenstellung arbeitet, kann man nur spekulieren. Auch die Möglichkeit, eine künstliche Test-Situation zu schaffen, in der geeignete Aufgabenstellungen in kurzer Zeit simuliert werden (wie es im Assessment-Center getan wird), befriedigt nicht völlig.

 Keine Probleme bei der Beurteilung des Potenzials der Mitarbeiter hat man dann, wenn man ihnen in ihrer Arbeit kontinuierlich Wachstumschancen bietet. Dies geschieht durch die kontinuierliche Vergabe anspruchsvoller Aufgaben, die den Mitarbeiter herausfordern und zum Erlernen neuer Kompetenzen anregen.

3.3.1 Kompetenzbeurteilung

Kompetenz lässt sich nur aus konkreten Leistungen ableiten. Sie kann nur beurteilt werden, wenn Leistungen beobachtet werden. Die im Folgenden beschriebene Methodik zur Kompetenzerfassung stützt sich konsequent auf beobachtbare Fakten aus der praktischen Arbeit der Mitarbeiter.

Die Entwicklung von Kompetenzen lässt sich von außen beobachten. Um sie messen zu können, unterscheiden wir verschiedene Stufen ihrer Entwicklung:

Stufen der Kompetenzentwicklung

- **Stufe 0**: Die Entwicklung der Kompetenz ist mit hohem Aufwand verbunden. Diese Stufe lässt sich daran erkennen, dass ein Mitarbeiter keine entsprechenden Leistungen gezeigt hat. Er hat auch bisher keine ähnlichen Kompetenzen unter Beweis gestellt oder gezeigt, dass er ähnliche Kompetenzen schnell erwerben kann.

  Beispiel: Ein Mitarbeiter ohne entsprechende Vorkenntnisse, der sich in der Regel bei Aufgaben, die mathematisches Verständnis und striktes logisches Denken erfordern, schwer tut, wird nur schwer eine fachliche Kompetenz im Bereich der Programmierung erwerben.

- **Stufe 1**: Die Kompetenz lässt sich mit wenig Aufwand in absehbarer Zeit entwickeln. Der Mitarbeiter hat noch keine Leistungen erbracht, für die die Kompetenz erforderlich ist. Er hat jedoch ähnliche Kompetenzen unter Beweis gestellt und gezeigt, dass er sie erwerben kann, wenn es erforderlich ist.

  Beispiel: Ein Mitarbeiter, der eine hohe soziale Kompetenz bewiesen hat, der die englische Sprache fließend beherrscht, der aber im bisherigen Verlauf seiner Tätigkeit noch nicht mit ausländischen Partnern zusammengearbeitet hat, wird eine interkulturelle Kompetenz wahrscheinlich schnell entwickeln können.

- **Stufe 2**: Die Kompetenz ist erkennbar, die praktische Anwendung fehlt noch. Es gibt Hinweise darauf, dass der Mitarbeiter in anderen Situationen Leistungen erbracht hat, für die ähnliche Kompetenzen erforderlich sind. Alles lässt darauf schließen, dass er über die Kompetenz verfügt. Er hatte allerdings noch keine echte Gelegenheit, sie unter Beweis zu stellen.

Auf dieser Stufe steht zum Beispiel ein Mitarbeiter, der häufig im Team als informeller Führer agiert, jedoch noch nie in einer Rolle als Vorgesetzter oder Projektleiter seine Führungsfähigkeit unter Beweis stellen konnte.

Weitere Stufen der Kompetenzentwicklung

- **Stufe 3**: Die Kompetenz ist in der praktischen Anwendung erkennbar. Der Mitarbeiter hatte einzelne Gelegenheiten, die Kompetenz zu beweisen und hat die entsprechenden Leistungen erbracht.

  Beispiel: Ein Mitarbeiter aus der Entwicklungsabteilung, der sonst kaum mit externen Kunden im Kontakt kommt, hat im Rahmen eines Verkaufsgespräches durch eine überzeugende Präsentation dazu beigetragen, dass ein Kunde einen Auftrag erteilt hat. Er hat damit soziale Kompetenz im Kundenkontakt bewiesen.

- **Stufe 4**: Die Kompetenz tritt in der praktischen Anwendung deutlich hervor. Der Mitarbeiter hat in seinem Arbeitsfeld ständig unterschiedlichste Gelegenheiten, Kompetenz zu beweisen und erbringt die entsprechenden Leistungen.

  Beispiel: Ein Mitarbeiter, dessen Aufgabengebiet zum größten Teil darin besteht, in unterschiedlichen Projektteams zu arbeiten, hat bewiesen, dass er sich schnell in unterschiedliche Gruppen einfügt und mit den verschiedensten Charakteren kooperativ zusammenarbeiten kann. Seine soziale Kompetenz in der Kooperation ist also deutlich hervorgetreten.

- **Stufe 5**: Die Kompetenz liegt weit über dem Durchschnitt aller Mitarbeiter. Der Mitarbeiter hat im Unternehmen unter allen möglichen Umständen bewiesen, dass er die Kompetenz auch für die Lösung schwieriger Probleme besitzt. Er ist derjenige, der von Kollegen mit ähnlicher Aufgabenstellung als Berater gerufen wird, wenn diese selbst nicht weiterkommen.

- **Stufe 6**: Die Kompetenz findet sich in dieser Ausprägung nur bei ganz wenigen Personen überhaupt. Der Mitarbeiter hat unter allen möglichen Umständen bewiesen, dass er die Kompetenz auch für die Lösung schwieriger Probleme besitzt. Er gilt auch über das eigene Unternehmen hinaus als herausragender Experte auf seinem Gebiet.

 Die Checkliste zum Kompetenzprofil finden Sie unter Komp-Prof.xls)

Die parallelen Beurteilungsstufen von Anforderungsprofil und Kompetenzprofil ermöglichen, wie in Abbildung 11 dargestellt, einen sinnvollen Abgleich von Anforderungen der Stelle mit den Kompetenzen des Mitarbeiters.

	Anforderung	**Kompetenz**
Stufe 6	Die Stelle erfordert einen Inhaber, der auf diesem Gebiet zu den Besten überhaupt zählt.	Die Kompetenz findet sich in dieser Ausprägung nur bei ganz wenigen Personen überhaupt.
Stufe 5	Die Stelle erfordert eine weit überdurchschnittliche Ausprägung der Kompetenz.	Die Ausprägung dieser Kompetenz liegt weit über dem Durchschnitt.
Stufe 4	Die Stelle erfordert eine hohe Ausprägung der Kompetenz.	Die Kompetenz tritt in der praktischen Anwendung deutlich hervor.
Stufe 3	Die Stelle erfordert diese Kompetenz von Anfang an.	Die Kompetenz ist in der praktischen Anwendung erkennbar.
Stufe 2	Die Kompetenz sollte nach kurzer Einarbeitung vorhanden sein.	Die Kompetenz ist erkennbar, die praktische Anwendung fehlt noch.
Stufe 1	Die Kompetenz ist nicht unmittelbar erforderlich aber nützlich.	Die Kompetenz lässt sich mit wenig Aufwand in absehbarer Zeit entwickeln.
Stufe 0	Die Kompetenz wird für diese Stelle nicht benötigt.	Die Entwicklung der Kompetenz ist mit hohem Aufwand verbunden.

Abb. 11: Anforderungs- und Kompetenzprofil

Kompetenzbeurteilung ist kein Selbstzweck. Ziel ist die gemeinsame Feststellung der Kompetenzen des Mitarbeiters als Ausgangspunkt für deren Erweiterung (Taubert/Piorr, 1999). Angestrebtes Ergebnis ist die übereinstimmende Einschätzung des

Beurteilung ist kein Selbstzweck!

Kompetenzprofils und vor allem die Ableitung sinnvoller Entwicklungsfelder für den Mitarbeiter. Die Beurteilung der Kompetenz erfolgt im Gespräch zwischen Mitarbeiter und Führungskraft:

Fremdbild und Selbstbild beleuchten

- Unabhängige Einschätzung der Kompetenzen durch Vorgesetzte und Mitarbeiter,
- Vergleich der Einschätzungen im Dialog,
- Konsensfindung bei abweichender Beurteilung durch Diskussion der gezeigten Leistungen als Belege für die Beurteilung,
- Gemeinsame Bestimmung von Kompetenzen, die weiterentwickelt werden sollen,
- Zielvereinbarungen.

Das Gespräch zur Kompetenzeinschätzung wird vom Mitarbeiter und von der Führungskraft unabhängig voneinander vorbereitet. Jeder schätzt mit Hilfe einer Checkliste die einzelnen Kompetenzen des Mitarbeiters ein. Fremdbild und Selbstbild beleuchten aus unterschiedlichen Blickwinkeln die Fähigkeiten des Mitarbeiters. Eine Sicht alleine würde nur ein unvollständiges Bild liefern. Führungskraft und Mitarbeiter vergleichen dann im Gespräch die beiden Sichtweisen. Wo keine Übereinstimmung vorliegt, werden

Es geht um die Entwicklung des Mitarbeiters

die Leistungen des Mitarbeiters als Belege für die Einschätzung herangezogen. Da es in diesem Gespräch allein um die Entwicklung des Mitarbeiters gehen soll, ist die Diskussion bei abweichenden Einschätzungen weniger konfliktträchtig. Das Gespräch endet mit der gemeinsamen Vereinbarung von Zielen für die weitere Kompetenzentwicklung des Mitarbeiters.

 Die Checkliste finden Sie unter Anfor_Le.xls

Im Folgenden werden die einzelnen Kompetenzen, die für die Arbeit in einem Unternehmen relevant sind, kurz erläutert.

Fachkompetenz

Fachkompetenz ist die Fähigkeit, in einem oder mehreren Sachgebieten erfolgreich zu arbeiten, also Aufgaben aus einer Fachdisziplin so zu lösen, dass für das Unternehmen ein verwertbares Ergebnis zustande kommt. Art und Umfang der Fachkompetenz, über die jemand verfügt, wird primär durch die Ausbildung, die jemand absolviert hat, begründet und danach durch die praktische

Erfahrung beim Lösen von Aufgaben einerseits wie durch systematische Weiterbildung andererseits weiterentwickelt. Welchen Beruf jemand ausüben kann, wird primär durch die Fachkompetenz bestimmt. Wer zum Beispiel in der Entwicklungsabteilung eines Unternehmens der chemischen Industrie arbeiten will, braucht das Wissen und die Fähigkeiten, die ein Chemie-Studium vermittelt. Wer im Rechnungswesen arbeiten will, sollte über eine kaufmännische Ausbildung oder ein betriebswirtschaftliches Studium verfügen. Im Rahmen der Personalentwicklung geht es in der Regel um spezifischere Fachkompetenzen, d.h. es geht um die Fähigkeit, die Aufgabenstellungen eines speziellen Arbeitsbereiches zu lösen.

Es geht um Wissen und Fertigkeiten ...

 Es ist weniger relevant, ob jemand ein bestimmtes Studium absolviert hat, es kommt vielmehr darauf an, dass jemand die spezifischen Fragestellungen an seinem Arbeitsplatz bewältigen kann.

Anders als bei den übrigen Kompetenzen wird die Fachkompetenz durch die Anforderungen der konkreten Aufgabenstellung nicht nur quantitativ, sondern auch qualitativ festgelegt.

Für die erfolgreiche Bewältigung der Aufgabenstellungen ist es in der Regel nicht nur erforderlich, im eigenen Sachgebiet kompetent zu sein. Um mit angrenzenden Bereichen an Schnittstellen, mit internen oder externen Kunden oder Lieferanten erfolgreich zusammenarbeiten zu können, ist auch ein Wissen über die Grundlagen des Fachwissens dieser Bereiche notwendig:

... auch über die eigene Disziplin hinaus

- Der Mitarbeiter bearbeitet Fragestellungen aus den einzelnen Fachgebieten so, dass verwertbare Ergebnisse entstehen.
- Er berücksichtigt die Anforderungen angrenzender Fachgebiete bei der eigenen Arbeit.

Methodenkompetenz

Methodenkompetenz besitzt derjenige, der in der Lage ist, die eigene Arbeit – unabhängig von deren sachlichem Inhalt – durch die Anwendung von Arbeitsmethoden und -techniken erfolgreich zu gestalten, d.h. er

Die eigene Arbeit gestalten

- organisiert die eigene Arbeit so, dass die Ziele in kurzer Zeit mit wenig Aufwand erreicht werden,

- plant, organisiert und steuert Projekte so, dass die Ziele in kurzer Zeit mit vertretbarem Aufwand erreicht werden,
- nutzt moderne Arbeitsmittel und Methoden zielgerichtet und erfolgreich für die eigene Arbeit,
- führt Präsentationen publikums- und zielgruppenorientiert durch, setzt dabei moderne Medien und Techniken wirkungsvoll und wirtschaftlich ein,
- strukturiert und moderiert zielgerichtet Diskussionen und Entscheidungsprozesse in Gruppen,
- gibt das eigene Know-how am Arbeitsplatz oder in Form von Schulungen an Kollegen und Mitarbeiter weiter,
- führt im eigenen Arbeitsbereich ein systematisches Controlling (konsequente und methodische Vorgangsverfolgung, Soll-Ist-Vergleich, Abweichungsanalyse, Ableitung von Korrekturmaßnahmen) durch.

Sozialkompetenz

Die Erfolgsvoraussetzung ...

Sozialkompetenz versetzt uns in die Lage, mit anderen Menschen erfolgreich in Beziehung zu treten. Während Fachkompetenz und Methodenkompetenz als notwendige Voraussetzungen angesehen werden können, um eine Position überhaupt übernehmen zu können, wird die Sozialkompetenz immer mehr zum entscheidenden Faktor bei der Frage, mit welchem Erfolg die einmal übernommene Position ausgefüllt wird.

Im beruflichen Zusammentreffen mit anderen Menschen werden je nach deren Rolle und Funktion ganz unterschiedliche Kompetenzen notwendig. Aus diesem Grunde unterscheiden wir drei verschiedene soziale Kompetenzen: soziale Kompetenz in der Kooperation, im Kundenkontakt, in der Mitarbeiterführung.

Die soziale Kompetenz in der Kooperation wird dann gebraucht, wenn wir mit anderen zu zweit oder in einem Team im Rahmen einer Aufgabenstellung eine gemeinsame Zielrichtung verfolgen.

Ein Mitarbeiter mit hoher Sozialkompetenz in der Kooperation

... in der Zusammenarbeit

- stellt selbstsicher und eigeninitiativ Kontakte her, baut im beruflichen Umfeld tragfähige Beziehungen auf und pflegt ein funktionierendes Beziehungsnetzwerk,
- verfügt über eine ausgeprägte Rede- und Sprachgewandtheit, verwendet präzise Ausdrucksformen und ist in der Lage, das ei-

gene Umfeld verbal und schriftlich präzise und leicht verständlich mit allen relevanten Informationen zu versorgen,

- vertritt den eigenen Standpunkt selbstbewusst und überzeugend,
- kennt alle relevanten Informationsquellen und beschafft Informationen für die eigene Arbeit mit geringem Aufwand,
- bringt Konflikte konstruktiv und sachorientiert zu einer Lösung,
- trägt in einem Team durch konstruktive Beiträge zum Teamergebnis bei, stellt Eigeninteressen hinter die des Teams und respektiert Meinungen und Entscheidungen des Teams,
- geht mit anderen höflich und verbindlich um, wird als Mensch und Kollege geschätzt.

Die soziale Kompetenz im Kundenkontakt kommt dann zum Tragen, wenn es darum geht, andere von einer Sache, einer Idee, einem Produkt oder einer Dienstleistung zu überzeugen, sie zu verkaufen. Der Partner in dieser Konstellation kann sowohl der externe Kunde als auch der interne Kunde im Rahmen innerbetrieblicher Kunden-Lieferanten- oder Dienstleistungsbeziehungen sein.

Erfolg im Kundenkontakt

Wer soziale Kompetenz im Kundenkontakt besitzt,

- erfasst und klärt den Bedarf und die Nutzenerwartungen der internen/externen Kunden,
- präsentiert den Kunden Lösungen und Angebote so, dass diese vom Nutzen überzeugt sind,
- konkretisiert Aufträge und vereinbart Konditionen/Rahmenbedingungen so, dass Win-Win-Beziehungen entstehen,
- findet neue Kunden, plaziert neue Produkte bzw. Dienstleistungen und erweitert bestehende Kundenbeziehungen,
- vertritt das Unternehmen im Markt so, dass die Beziehung zum Kunden gefestigt und das Unternehmensimage gesteigert wird,
- gewährleistet ein positives Erscheinungsbild, macht Unternehmensstil und -kultur durch das eigene Auftreten nach außen sichtbar.

Soziale Kompetenz im Rahmen der Mitarbeiterführung befähigt dazu, Mitarbeiter so zu führen, dass sie einzeln oder im Team ihre Aufgaben erfolgreich bewältigen. Diese Fähigkeit ist immer

Erfolg in der Mitarbeiterführung

dann notwendig, wenn es darum geht, andere Menschen in Richtung auf ein Ziel zu motivieren.

Wer Sozialkompetenz in der Mitarbeiterführung besitzt,

- führt Mitarbeiter so, dass diese motiviert und engagiert ihre Ziele im Rahmen der Unternehmensziele realisieren,
- erkennt und entwickelt das Potential der Mitarbeiter und steigert deren Fähigkeit zur Übernahme anspruchsvoller Aufgaben,
- führt eine Gruppe von Mitarbeitern so, dass die Mitglieder effizient als Team zusammenarbeiten und ihre Ziele realisieren,
- löst Konflikte mit oder zwischen Mitarbeitern so, dass die Leistungsfähigkeit schnell wiederhergestellt wird,
- führt Mitarbeiter so, dass diese loyal zum Unternehmen stehen.

Persönliche Kompetenz

Die ganz persönlichen Ressourcen

Während sich die soziale Kompetenz auf die Beziehung zu anderen Menschen bezieht, hat die persönliche Kompetenz mit der eigenen Person zu tun. Sie bezieht sich auf die geistigen und körperlichen Leistungsvoraussetzungen, die jemand mitbringt, also auch auf den Umgang mit den eigenen Ressourcen.

Wer persönliche Kompetenz besitzt,

- durchschaut auch schwierige vernetzte Situationen und findet schnell Wege und Lösungen,
- behält auch in komplexen und dynamischen Situationen unter Belastung die Übersicht und kann ergebnisorientiert handeln,
- hat einen hohen Anspruch an sich und die eigenen Leistungen, verfolgt und erreicht die gesetzten anspruchsvollen Ziele,
- handelt aus eigenem Antrieb, sucht die Verantwortungsübernahme und verbessert die Rahmenbedingungen des eigenen Arbeitsbereiches,
- trifft verantwortungsvoll Vereinbarungen, diszipliniert sich selbst und hält Vereinbarungen und Termine ein, verhält sich seinen Partnern gegenüber aufrichtig und ehrlich,
- verfügt über ein realistisches Bild der eigenen Person, sucht Feedback und entwickelt sich selbst kontinuierlich weiter,
- entwickelt eigene kreative Ideen und Vorschläge, die sich außerhalb der Vorgaben bewegen, gestaltet Programme/Pläne individuell auf die jeweiligen Bedürfnisse hin,

- ist bereit, für gestellte Aufgaben in unterschiedlichen Einsatzgebieten tätig zu sein, kann zusätzliche/außerordentliche Aufgaben übernehmen,
- verfügt über eine positive Grundeinstellung zu den eigenen Aufgaben, zeigt ein hohes Maß an Engagement und Arbeitsfreude, sieht in den Möglichkeiten der Zukunft Chancen und in den Risiken Herausforderungen,
- ist der Gesamtheit des Unternehmens gegenüber positiv eingestellt, ist bereit, einen positiven Beitrag zum Unternehmen und zur Entwicklung der Firmenkultur zu leisten,
- verfügt über eine natürliche Autorität und Überzeugungskraft, die auf Fachkompetenz und Erfahrung basiert.

Interkulturelle Kompetenz

Interkulturelle Kompetenz ist dann erforderlich, wenn das Arbeitsfeld in einem internationalen oder multikulturellen Umfeld liegt und den Kontakt zu Menschen aus anderen Kulturen mit sich bringt. Interkulturelle Kompetenz ist eine Form der sozialen Kompetenz. Die oben genannten sozialen Kompetenzen sind häufig vor dem Hintergrund der eigenen Kultur zu verstehen. Trotz ausgeprägter sozialer Kompetenz kann es allerdings zu Schwierigkeiten in der Interaktion mit Partnern aus anderen Kulturen kommen, insbesondere dann, wenn diese der eigenen sehr fremd sind. Bekanntermaßen erfordern Beziehungen zu und Verhandlungen mit beispielsweise englischen oder chinesischen Partnern ganz andere Verhaltensweisen als mit spanischen oder lateinamerikanischen. Die Problematik interkultureller Kompetenz wird heute noch vielfach unterschätzt, zumindest aber sollten die folgenden Minimalanforderungen gegeben sein:

Wenn kulturelle Unterschiede eine Rolle spielen

- die Fähigkeit, sich in internationalem Rahmen zu bewegen und zumindest in englischer Sprache zu kommunizieren,
- die Fähigkeit, Sachverhalte aus dem eigenen Arbeitsbereich in einer geeigneten Sprache zu präsentieren, zu diskutieren und erfolgreich in internationalen Projekten mitzuarbeiten,
- die Fähigkeit, mit Mitgliedern aus verschiedenen Kulturkreisen produktiv zusammenzuarbeiten und erfolgreich Verhandlungen zu führen.

Management-Kompetenz

Die Management-Kompetenz ist eigentlich eine Mischung aus fachlichen, persönlichen und sozialen Kompetenzen, die für besonders herausgehobene Positionen erforderlich ist.

Die Kompetenz für herausgehobene Positionen

Wer eine solche Position erfolgreich ausfüllen will,

- kennt alle relevanten Unternehmensfunktionen und Abläufe, kennt die nationale/internationale Unternehmensstruktur,
- entwickelt Ideen für Organisationsstrukturen und passt sie den jeweiligen Gegebenheiten und Erfordernissen an, kann Arbeitsabläufe unter Nutzung aller verfügbaren Ressourcen optimieren,
- befindet sich in Denken und Handeln in Übereinstimmung mit den Unternehmenszielen,
- ist in Einstellung, Verhalten und Handeln vorbildlich, repräsentiert das Unternehmen nach innen und außen in einer Form, die der Firmenkultur entspricht und dem Firmenimage zuträglich ist,
- verfügt über betriebswirtschaftliches Grundlagenwissen (insbesondere Kosten- und Erfolgsrechnung), kennt die Verzahnung der betrieblichen Funktionsbereiche, kennt die Auswirkungen der eigenen Entscheidungen auf das Gesamtunternehmen.

3.3.2 Die Potenzialbeurteilung

Das Potential bestimmt die Grenzen, bis zu denen jemand seine Kompetenzen weiterentwickeln kann. Wir können bei einem Mitarbeiter davon ausgehen, dass er noch über ein hohes Potenzial verfügt, wenn wir beobachten, dass er im Laufe seiner Karriere ständig seine Kompetenzen erweitert hat. Wir können im umgekehrten Fall davon ausgehen, dass jemand nur noch geringes Potenzial hat, wenn er sich bei der Kompetenzentwicklung seinen Grenzen nähert, d.h. wenn er seine Kompetenzen nur noch geringfügig und mit viel Aufwand erweitern kann.

Die Grenzen der Kompetenzentwicklung

 Die Beurteilung des Potenzials ist realistisch erst dann möglich, wenn man die Entwicklung des Mitarbeiters über längere Zeit verfolgt hat.

Abbildung 12 zeigt eine Matrix mit vier Kompetenz-/Potenzialfeldern, die eine erste Einordnung von Mitarbeitern bezüglich ihres Grades an Kompetenz/Potenzial ermöglicht.

Hohe Kompetenz	3	4
Niedrige Kompetenz	1	2
	Geringes Potenzial	Hohes Potenzial

Abb. 12: Potenzial-/Kompetenzbeurteilung

 Die Checkliste finden Sie unter Pot_Beur.doc

Wenn sich Mitarbeiter bezogen auf ein Kompetenzfeld im ersten Quadranten befinden, sollte sie Aufgaben übernehmen, bei denen diese Kompetenz nicht vorrangig gebraucht wird. Mitarbeiter, die im zweiten Quadranten eingeschätzt werden, können an Aufgaben, die die jeweilige Kompetenz erfordern, herangeführt werden, brauchen aber zu deren Entwicklung noch Unterstützung und Begleitung. Mitarbeiter, die sich im dritten Quadranten befinden, sollten mit den Aufgaben betraut werden, die sie mit ihrer Kompetenz erfolgreich bearbeiten können. Eine Ausweitung des Aufgabenspektrums kann eine Entwicklungsperspektive auf gleichem Niveau bieten. Mitarbeiter, die im vierten Quadranten gesehen werden, sollten durch kontinuierliche Aufgabenerweiterung an Aufgaben herangeführt werden, die ihrem Anspruchsniveau entsprechen und ihnen motivierende Erfolgserlebnisse bieten.

> **Kompetenz und Potenzial als Kriterien für die Aufgabenübernahme**

Aus der Gegenüberstellung der Kompetenzbereiche lassen sich Rückschlüsse auf sinnvolle Karrierewege der beurteilten Mitarbeiter ziehen. Wer zum Beispiel bei der Fach- und Methodenkompetenz im vierten Quadranten liegt, in anderen Bereichen aber eher niedriger eingestuft wird, ist eher für eine Fachlaufbahn geeignet. Wer in seiner sozialen Kompetenz in Kooperation und im Kundenkontakt im vierten Quadranten liegt, ist wahrscheinlich für eine Karriere im Vertrieb oder in anderen Bereichen mit

> **Welcher Karriereweg ist der Richtige?**

intensivem Kundenkontakt besonders gut geeignet. Wer bei der sozialen Kompetenz in der Mitarbeiterführung nicht mindestens den dritten Quadranten erreicht, sollte nicht unbedingt Führungskraft werden.

 Diese Einordnung ist kein Verfahren, in dem über Mitarbeiter ohne deren Beteiligung ein Urteil gefällt wird. Es geht vielmehr auch hier darum, Mitarbeiter erfolgreich zu machen.

Betroffene im Dialog beteiligen

Auch in der Verbindung von Kompetenz- und Potenzialbeurteilung geht es letztendlich darum, Möglichkeiten von Erfolgschancen einerseits und Möglichkeiten von Misserfolg und Frustration andererseits aufzuzeigen. Die Einschätzung muss auf jeden Fall in einem professionell vorbereiteten und sensibel geführten Dialog mit dem Mitarbeiter erfolgen.

3.4   Das Entwicklungsgespräch

Aus der gemeinsamen Betrachtung des Stellenbildes, aus dem Abgleich des Kompetenzprofils des Mitarbeiters mit dem Anforderungsprofil einer Stelle oder aus der Potenzialbeurteilung entsteht Entwicklungsbedarf. Dieser ist die Grundlage für Entwicklungsgespräche, die von den Führungskräften mit ihren Mitarbeitern geführt werden.

 Für sinnvolle Entwicklungsgespräche gibt es zwei wesentliche Erfolgsfaktoren: die Haltung, mit der die Beteiligten das Gespräch führen, und die systematische Vorgehensweise.

Mitarbeiter und Führungskraft als Partner

Die Führungskraft sollte im Mitarbeiter den Partner sehen, mit dem sie gemeinsam im Team ihre Ziele verfolgt. Die Führungskraft, die ihren Mitarbeitern die Möglichkeit bietet, sich zu entwickeln und dadurch erfolgreich zu werden, sichert durch den Erfolg des Teams ihren eigenen. Sie wird also das Gespräch so führen, dass mit dem Mitarbeiter als gleichwertigem Partner Ziele gemeinsam abgeleitet und im Konsens vereinbart werden. Gemeinsam wird die Frage bearbeitet, welche Kompetenzen der Mitarbeiter kurz- und mittelfristig entwickeln muss, um weiterhin erfolgreich arbeiten zu können. Im betrieblichen Kontext geht es dabei nicht um die Eigenschaften der Person des Mitarbeiters, sondern primär um Leistungen, die zu erbringen sind. Vorrangig ist die Vereinbarung darüber, was sich in der Praxis am Arbeitsplatz verbessern soll.

Der Ablauf eines Entwicklungsgespräches sieht folgendermaßen aus:

1. Stellenbildbesprechung,
2. Betrachtung der bisherigen Leistungen,
3. Besprechung der bisher verlaufenen Kompetenzentwicklung,
4. gemeinsame Reflexion der zukünftigen Anforderungen,
5. Ableitung neuer Kompetenzanforderungen,
6. Vereinbarung von Entwicklungsaufgaben,
7. Vereinbarung von Bildungsaktivitäten zur Unterstützung.

 Die Checkliste finden Sie unter Entw_Ges.doc

Vor dem Hintergrund des Stellenbildes werden gemeinsam die bisher erbrachten Leistungen betrachtet und in diesem Zusammenhang analysiert, wie sich die Qualifikation des Mitarbeiters in der Auseinandersetzung mit seinen Aufgaben entwickelt hat. Hier ergeben sich in der Regel die ersten Handlungsfelder, wenn die in der Vergangenheit angestrebte Qualifizierung noch nicht abgeschlossen ist. Im Folgenden werden neue Anforderungen besprochen, die in der Zukunft auf den Stelleninhaber zukommen werden. Auch daraus werden Qualifizierungsnotwendigkeiten abgeleitet. Sobald Einigkeit über die Kompetenzanforderungen der Zukunft hergestellt ist, geht es an die Definition von Entwicklungsaufgaben, die gemeinsam vereinbart werden. Zur Unterstützung bei der Bewältigung der Entwicklungsaufgaben werden Qualifizierungsmaßnahmen vereinbart und geplant.

Handlungskompetenz entwickelt sich zum weitaus größten Teil im realen Vollzug der Arbeit. Also geht es darum, Lernfelder zu schaffen, die von den Mitarbeitern neue Handlungsweisen fordern und ihnen die Möglichkeit geben, diese zu entwickeln und zu erproben.

Die Aufgabenverteilung im Entwicklungsprozess

Führungskraft	Mitarbeiter
1. Fordern: Aufgaben bzw. Anforderungen stellen	1. Leistung zeigen: Anforderungen annehmen Eigeninitiative beweisen
2. Fördern: Lernen ermöglichen, Lernmöglichkeiten schaffen	2. Lernen: Lernmöglichkeiten suchen und nutzen
3. Feedback: Leistungen bewerten, Lob und Kritik	3. Reifen: mit realistischem Selbstbild sinnvolle Ziele verfolgen

---

Konkret bedeutet das:

Leistung fordern

 Führungskraft und Mitarbeiter vereinbaren konkrete – unternehmerisch sinnvolle – Aufgabenstellungen, in denen neue Kompetenzen bewiesen werden können. Im zweiten Schritt können dazu passende Aktivitäten geplant werden, die das erforderliche Können und Wissen vorbereiten.

Beispiel: Die Aufgabenstellung eines Mitarbeiters wird sich in absehbarer Zukunft dahingehend erweitern, dass er statistische Auswertungen und Analysen durchführen muss, die am besten mit einem Tabellenkalkulationsprogramm zu bearbeiten sind. In diesem Fall wird die Entwicklung der Kompetenz am besten dadurch gefördert, dass vorab konkrete Aufträge vereinbart werden, die durch die Arbeit mit Tabellenkalkulation erleichtert werden. Der Mitarbeiter, der das vereinbarte Ergebnis abliefern will, wird also ein starkes Interesse daran haben, den Umgang mit dem Instrument zu beherrschen. Dadurch entsteht eine Lernmotivation, die Lernprozesse effizient macht.

Lernen fördern

Die Forderung nach Leistung muss natürlich durch ein Angebot an Förderung ergänzt werden. Im Beispiel geht es also darum, den Mitarbeiter nicht mit der Aufgabe alleine zu lassen, sondern ihm das erforderliche Know-how auch zugänglich zu machen. Das ist auf unterschiedliche Formen möglich. Die Palette reicht hier von Schulungen über Trainingsunterlagen oder EDV-gestützte Lernprogramme bis zum gemeinsamen Lernen durch Vormachen und Nachmachen. Jede Art von Lernprozess wird erfolgreicher sein, wenn im Anschluss eine praktische Aufgabe wartet, für die das erworbene Know-how erforderlich ist.

Zu der gestellten Aufgabe gehört immer sinnvollerweise ein konkretes überprüfbares Ziel. Dieses ist die Basis für die dritte Komponente, das Feedback. Zu jeder Aufgabenstellung wird vereinbart, welches Ergebnis in welchem Umfang zu welchem Zeitpunkt erreicht sein muss. Das Ziel muss so konkret formuliert sein, dass eine objektive Prüfung der Zielerreichung und damit ein Feedback jenseits von persönlichen Eindrücken und subjektiven Wertungen möglich ist. Diese Rückmeldung aus der Praxis erleichtert die Auseinandersetzung mit möglicherweise unrealistischen Einschätzungen der eigenen Kompetenz und verhilft schnell zu einem realistischeren Selbstbild.

Reifen durch Feedback

In einer Vereinbarung zur Kompetenzentwicklung sollten folgende Fragen geklärt werden:

1. Welche Kompetenzen werden vom Mitarbeiter weiterentwickelt?
2. Welche konkreten Aufgaben und Projekte dienen dem Mitarbeiter als Lernfeld? Welche Ergebnisse werden dabei vom Mitarbeiter erwartet? Wieviel Zeit steht für die Bearbeitung der Aufgaben zur Verfügung? Welche organisatorischen und technischen Voraussetzungen werden dafür geschaffen?
3. Welche Unterstützung in Form von Trainings- und Bildungsmöglichkeiten werden zur Verfügung gestellt?
4. Wann findet eine gemeinsame Überprüfung der erzielten Ergebnisse statt?

 Die Checkliste finden Sie unter KompEntw.doc

Die Maßnahmenplanung wird durch eine passende Zeitplanung vervollständigt. Der zeitliche Ablauf ist idealerweise so strukturiert, dass zunächst alle Voraussetzungen für die Inangriffnahme der Aufgabe erfüllt werden. Notwendige Qualifizierungsmaßnah-

Voraussetzungen schaffen

men sollten so terminiert werden, dass bis zur Umsetzung des neuen Know-hows keine längeren Pausen entstehen. Die gemeinsame Überprüfung der Ergebnisse sollte unmittelbar nach der Beendigung der Aufgaben liegen.

Optimale Zeitplanung

Im oben erwähnten Beispiel werden also zunächst alle Hard- und Softwarevoraussetzungen geschaffen, bevor der Umgang mit der Tabellenkalkulation erlernt wird. Das Training sollte so terminiert sein, dass es der Ausführung der eigentlichen Aufgabe unmittelbar vorausgeht. Die gemeinsame Überprüfung und Beurteilung der erstellten Analysen und Statistiken sollten direkt nach dem Endtermin erfolgen.

3.5 Entwicklungsaufgaben und Bildungsmaßnahmen

Der Mitarbeiter, der eine Aufgabe bearbeitet und dazu Wissen und/oder Fertigkeiten erwerben muss, kann klare Ziele für die erforderlichen Qualifizierungsschritte formulieren. Das hilft ihm nicht nur zur eigenen Motivierung im Lernprozess, das erleichtert auch die Auswahl der in Frage kommenden Aktivitäten und die Überprüfung ihrer Qualität. Wer ein klares Ziel verfolgt, kann

Zielgerichtetes Lernen

zum Beispiel in einem Seminar viel gezielter Fragen stellen und den Lernprozess auf die eigenen Bedürfnisse abstimmen. Wer kein konkretes Ziel hat, nimmt an einer Qualifizierungsmaßnahme teil, nimmt für ihn wichtige und unwichtige Information gleichermaßen kritiklos auf und erlebt in der Praxis dann die eine oder andere Überraschung, wenn es um die Umsetzung geht. Wenn es schlecht läuft, hat er vieles gelernt, was ihm nicht hilft, und einiges versäumt, was ihm hätte helfen können.

 Auch der Nutzen und damit die Qualität von Bildungsmaßnahmen hängt in starkem Maße davon ab, ob die Teilnehmenden konkrete Ziele vereinbart haben. Erstens kann bei klarer Zielsetzung die Maßnahme viel genauer auf die Bedürfnisse der Teilnehmer abgestimmt werden. Zweitens kann die Qualität viel besser gemessen werden, was für die kontinuierliche Verbesserung der Bildungsaktivitäten eine notwendige Voraussetzung ist.

Zielsetzung ist wichtig. Nicht jeder geht allerdings mit der erwünschten Zielstrebigkeit an die Sache heran. Daher ist es hilfreich, die Teilnehmer vor jeder Teilnahme an einer Bildungsmaßnahme mit der Einladung eine Erinnerung zukommen zu lassen.

Seminarerfolg durch Zielsetzung – Praxisrelevanz steigern

Der Nutzen für Ihre praktische Arbeit ist das zentrale Erfolgskriterium für jedes Seminar und Training. Deshalb möchten wir auf die Bedeutung Ihrer Zielsetzungen vor Beginn der Maßnahmen hinweisen und unsere Seminare weiter an die Praxiserfordernisse anpassen. Mit der Formulierung Ihrer Ziele nehmen Sie selbst entscheidend Einfluss auf den Erfolg Ihres Seminars. Die Trainer helfen Ihnen, Ihre Ziele zu erreichen. Aber wie sollen sie Sie zum Ziel führen, ohne dass Sie selbst wissen, wo Sie hinwollen? Welche Bedeutung einzelne Seminarinhalte für die tägliche Arbeit haben und in welchem Ausmaß das im Seminar erworbene Wissen und Können in der Praxis angewandt werden können und auch tatsächlich werden, kann letztlich nur vor Ort von Ihnen und Ihrem Vorgesetzten beantwortet werden. Aus diesem Grund werden wir nach Seminarende die folgenden Themen mit Ihnen und Ihrem Vorgesetzten diskutieren.

Zielsetzung braucht manchmal einen Anstoß von außen

1. Welche Seminarziele sind mit Ihrem Vorgesetzten abgestimmt?
2. Welche Verbesserung Ihrer Arbeit erwarten Sie durch die im Seminar erworbenen Fähigkeiten und Kenntnisse?
3. Welche persönliche Erwartung setzen Sie an die Teilnahme des Seminars?
4. Formulieren Sie nach Ende des Seminars drei Ideen, die Sie umsetzen wollen und mit Ihrem Vorgesetzten besprechen werden.

Wir wünschen Ihnen eine erfolgreiche Seminarteilnahme!

 Die Checkliste finden Sie unter Sem_Ziel.doc

Am Ende jeder Bildungsmaßnahme sollte eine Transfervereinbarung stehen, in der die Teilnehmer die Umsetzung des Erlernten in die Praxis planen und sich zu deren Durchführung verpflichten. Das kann in Form eines öffentlichen Bekenntnisses im Rahmen einer Abschlussrunde erfolgen:

- Welches sind für mich die wichtigsten Erkenntnisse aus diesem Training?
- Was werde ich konkret in die Praxis umsetzen?
- Welches sind meine ersten Schritte zur Umsetzung?

 Die Checkliste finden Sie unter Sem_Absc.doc

Diese Form sorgt – insbesondere dann, wenn die Teilnehmer sich gegenseitig in der Praxis begegnen – für eine hohe Verbindlichkeit. Eine Alternative dazu besteht in der Selbstreflexion mit Hilfe eines Aktionsplanes, den alle Teilnehmer am Ende des Seminars **Verbindlichkeit** ausfüllen. Auch dabei kann das Moment der Verbindlichkeit er-**durch gegenseitige** höht werden, indem eine gegenseitige Verpflichtung aufgebaut **Verpflichtung** wird. Das kann zum Beispiel durch die Vereinbarung mit „Lernpartnern" erfolgen. Lernpartner pflegen einen gegenseitigen Austausch über ihre Transferfortschritte, nachdem sie gemeinsam an einem Training teilgenommen haben. Dazu treffen sie wechselseitige Zielvereinbarungen.

Aktionsplan

1. Welche wichtigen Erkenntnisse habe ich hier gewonnen?

_____

_____

_____

2. Was davon werde ich in die Praxis umsetzen?   Wann ?

3. Welche Vorteile verspreche ich mir von der Umsetzung?

_____

_____

_____

4. Mit welchen Problemen rechne ich?	Wie werde ich sie lösen?

5. Mit wem werde ich meine Erfolge besprechen?	Wann?

Datum: _____ Unterschrift: _____

 Die Checkliste finden Sie unter Aktions.doc

Die Qualitätsmessung erfolgt durch die Befragung der Mitarbeiter, die an einem Training teilgenommen haben. Dies erfolgt üblicherweise in Form eines Fragebogens. Dieser wird unmittelbar nach der Bildungsmaßnahme beantwortet, wenn die Bewertung der Maßnahme im Mittelpunkt steht. Wenn es vorrangig um die Praxisrelevanz und die Umsetzbarkeit der Inhalte geht, sollte der Fragebogen dann beantwortet werden, wenn genügend Zeit für die Umsetzung verstrichen ist. Das ist in der Regel nach ein bis drei Monaten der Fall.

Wie erfolgreich war die Seminarteilnahme?

Fragebogen zum Seminar: _____

Name: _____

Abteilung: _____

Datum: _____

1. Ich habe mich im Gespräch mit meinem Vorgesetzten auf das Seminar vorbereitet: Ja ◯   Nein ◯

2. Meine Ziele für das Seminar waren: _____

_____

_____

_____

	0%	25%	50%	75%	100%
3. Meine persönliche Zielsetzung ist erfüllt:	○	○	○	○	○
4. Die vermittelten Seminarinhalte waren für mich klar und verständlich:	○	○	○	○	○
5. Die vermittelten Inhalte kann ich sofort an meinem Arbeitsplatz einsetzen:	○	○	○	○	○

Was könnte mich davon abhalten?: _____

_____

_____

Feedback für Trainer und Personalentwicklung

6. Mit meinem Vorgesetzten werde ich folgende Punkte zur Umsetzung des Gelernten besprechen: _____

_____

_____

_____

7. Meine persönlichen Anmerkungen und Verbesserungsvorschläge zum Seminar: _____

_____

_____

_____

 Die Checkliste finden Sie unter Sem_Beur.doc

Der Seminarerfolg und seine Beurteilung ist eine Sache. Was aber wird aus dem Transfer in die Praxis? Diese Frage entscheidet über Erfolg oder Misserfolg des gesamten Ablaufes. Was von den Bildungsmaßnahmen in der Alltagsarbeit der Mitarbeiter angekommen ist, wird in einem Gespräch zwischen Führungskraft und Mitarbeiter beurteilt. Gemeinsam werden die Ergebnisse der Aufgaben besprochen, neue Vereinbarungen über die weitere Vorgehensweise werden getroffen. Der Vorgesetzte unterstützt seinen Mitarbeiter in diesem Gespräch, indem er ihn mit gezielten Fragen zur Reflexion anregt:

**Abschlußbewer-
tung im Dialog**

- **Ziele der Entwicklungsaufgaben:** Was hatten sie sich vorgenommen? Was waren Ihre Ziele?
- **Die Bearbeitung der Entwicklungsaufgaben:** Was haben Sie getan, um die Ziele zu erreichen? Wie haben Sie sich verhalten?
- **Die Herausforderungen bei der Bearbeitung:** Was hat Sie bei der Arbeit behindert? Welche Probleme gab es? Wie sind Sie damit umgegangen?
- **Die erreichten Ergebnisse:** Was haben Sie erreicht?
- **Die nächsten Ziele:** Was möchten Sie sich für die Zukunft vornehmen?
- **Vereinbarung:** Wann können wir über die Ergebnisse reden?
- **Prozessreflexion:** Wie beurteilen Sie unsere bisherige Vorgehensweise? Was schlagen Sie für das weitere Vorgehen vor?

 Die Checkliste finden Sie unter Trans_Be.doc

Das Gespräch dient nicht alleine der Betrachtung der vorangegangenen Entwicklungsschritte. Es eröffnet mit einer neuen Zielvereinbarung gleichsam eine neue Runde im Entwicklungsprozess.

**Hier schließt sich
der Kreis**

Der in diesem Kapitel beschriebene Ablauf kann als Standard für die Entwicklung der Mitarbeiter angesehen werden. Im nächsten Kapitel werden einige Besonderheiten dargestellt, die sich im Verlauf der Mitarbeiterlaufbahn – insbesondere im Rahmen von Einstieg und Aufstieg in andere Positionen – ergeben.

4. Die Mitarbeiterentwicklung im Karriereverlauf

Weichenstellungen für Unternehmen und Mitarbeiter

Von besonderer Bedeutung für die Personalentwicklung sind sowohl aus der Sicht der Mitarbeiter wie aus der Sicht des Unternehmens Übergangssituationen, bei denen es um die Übernahme neuer Aufgaben geht. An diesen Übergängen werden entscheidende Weichen für den beiderseitigen Erfolg gestellt. Die optimale Stellenbesetzung bildet auch für das Unternehmen eine wesentliche Erfolgsvoraussetzung.

 Für die Mitarbeiter geht es darum, den eigenen Erfolg und das weitere Vorankommen in einem neuen Arbeitsumfeld zu sichern. Das Interesse des Unternehmen und seiner Führungskräfte ist es, bei der Besetzung von Stellen sicher zu gehen, dass sie von den Mitarbeitern erfolgreich übernommen werden.

Im Folgenden werden erprobte Vorgehensweisen beschrieben, wie die Personalentwicklung die Übernahme neuer Aufgaben zum Nutzen von Mitarbeitern und Unternehmen gestalten kann. Die Einführung neuer Mitarbeiter (4.1) folgt ebenso wie die Entwicklung der High-Potenzials des Unternehmens zur Übernahme anspruchsvoller Aufgaben (4.2 und 4.3) – mit einigen Besonderheiten – der gleichen Logik wie die allgemeine Mitarbeiterentwicklung, die im letzten Kapitel beschrieben ist.

4.1 Einführung neuer Mitarbeiter

Der Beginn einer tragfähigen Beziehung

Die Einführung neuer Mitarbeiter hat das Ziel, zwischen neuen Mitarbeitern und Unternehmen eine tragfähige Beziehung zu konstituieren (Rastetter, 1998).

 Es soll eine Verbindung zu beiderseitigem Nutzen entstehen. Das Unternehmen will sicherstellen, dass die neuen Mitarbeiter schnell produktiv an der Realisierung der

Unternehmensziele mitwirken. Die Neulinge wollen im Unternehmen einen Platz finden, an dem sie erfolgreich ihre berufliche Zukunft gestalten können.

Am Anfang jeden Beziehungsaufbaus liegt eine Phase, in der sich die Partner miteinander vertraut machen, sich kennen lernen und aufeinander einstellen. Das gegenseitige Kennenlernen ist am Anfang eines Arbeitsverhältnisses besonders wichtig, denn beide Seiten lassen sich – bei allen Chancen, die das Ganze natürlich bietet – bis zu einem gewissen Grad auf ein Wagnis ein. Das Verhältnis, auf das man sich einläßt hat zunächst für beide Partner Kosten. Das Unternehmen investiert Geld und Zeit in die Anwerbung, Auswahl und Einarbeitung der neuen Mitarbeiter. Neue Mitarbeiter lösen sich aus bestehenden Arbeitsverhältnissen, legen sich fest, verwerfen mögliche Alternativen, nehmen zum Teil einen Wohnortswechsel in Kauf und ändern nicht selten weite Teile ihrer Lebensführung. Beide Seiten investieren eine Menge in das neue Arbeitsverhältnis. Das tun sie in der Regel, obwohl sie sich eher flüchtig kennen. Nach den üblichen zwei oder drei Gesprächen, in denen sich beide Seiten von ihrer Schokoladenseite zeigen, kann man kaum mehr erwarten. Das Unternehmen hat es in der Hinsicht etwas leichter. Es kann sich ausgeklügelter Auswahlverfahren bedienen, die ihm helfen, sich ein realistisches Bild von der Eignung der Bewerber zu machen. Das Risiko einer Fehlentscheidung aber bleibt.

Investition mit Chance und Risiko

Unternehmen und neue Mitarbeiter stellen sich zu Beginn des Arbeitsverhältnisses aufeinander ein, indem sie beiderseitig Ziele, Rollen, Rechte, Pflichten, Aufgaben und Leistungen, aber auch Wünsche und Erwartungen, Normen und Werte vereinbaren. Die Partner richten sich aufeinander ein und passen sich einander an. All das passiert in den ersten Monaten der Beschäftigung hauptsächlich noch während der Probezeit. Die Idee freilich, diese Probezeit zu wörtlich zu nehmen („Wenn es nicht funktioniert, dann trennt man sich eben wieder"), verbietet sich in der Regel. Die „Investitionen", die beide Seiten vorab in das gegenseitige Verhältnis gesteckt haben, verbieten einen leichtfertigen Umgang damit, wenn gegenseitige Fairness die weitere Beziehung bestimmen soll.

Beiderseitige Anpassung

 Der Anfang des Beschäftigungsverhältnisses ist von entscheidender Bedeutung für die gegenseitige Partnerschaft.

Was sich hier – gewollt oder unwillentlich, bewusst oder unbewusst – an gegenseitigen Annahmen, Erwartungen und Handlungsmöglichkeiten etabliert, bestimmt das restliche Arbeitsverhältnis.

Aus diesem Grund wird diese Phase hier besonders hervorgehoben. Bevor wir zum eigentlichen Beginn des Arbeitsverhältnisses kommen, werden zwei Möglichkeiten beschrieben, eine tatsächliche „Probezeit" zu beiderseitigem Nutzen zu gestalten. Gemeint ist die zeitlich befristete Beschäftigung von Praktikanten und die Zusammenarbeit mit Diplomanden.

4.1.1 Praktika

Paradoxer Arbeitsmarkt

Für viele Unternehmen stellt sich die Lage auf dem Arbeitsmarkt in gewisser Weise paradox dar. Millionen Menschen suchen nach Arbeit, während sich die Besetzung bestimmter Stellen mangels geeigneter Bewerber schwierig gestaltet. Die Situation wird in einigen Bereichen dadurch dramatisch, dass ausgerechnet die Qualifikationen, die von Unternehmen im Bereich der Zukunftstechnologien gebraucht werden, am Arbeitsmarkt nicht verfügbar sind. So ist beispielsweise der Arbeitsmarkt für bestimmte Ingenieurberufe (z.B. Elektrotechnik, Software, Maschinenbau) zum gegenwärtigen Zeitpunkt – und es gibt keine Anzeichen für eine baldige Änderung – durch eine geringe Anzahl von Absolventen gekennzeichnet, der eine Vielzahl von Unternehmen gegenübersteht, die genau diese Absolventen dringend benötigen. Die Industrie hat mehr Bedarf an Ingenieuren als die Hochschulen ausbilden. Jungingenieure sind dadurch in der glücklichen Lage, sich ihren zukünftigen Arbeitgeber sorgfältig auswählen zu können.

Wettbewerb der Arbeitgeber

Für Unternehmen, die in einem Wettbewerb um die wenigen Bewerber stehen, ist es wichtig, als Arbeitgeber attraktiv zu sein, und so früh wie möglich eine Beziehung zu den angehenden Fachleuten aufzubauen. Praktika bieten hierzu eine gute Möglichkeit. Die meisten Studiengänge fordern von den Studenten die Ableistung von mehrwöchigen bis mehrmonatigen Praktika. Für die Unternehmen bietet das eine willkommene Gelegenheit, mit jungen Fachkräften in Beziehung zu treten. Das Unternehmen kann den Studenten einen klaren Nutzen bieten. Die Studenten können die Arbeit im Unternehmen kennenlernen. Das Unternehmen kann sich einen Eindruck von der Leistungsfähigkeit der Praktikanten machen.

Entscheidend für den Erfolg des Praktikums ist seine Gestaltung. Durch sie soll der potenziell zukünftige Mitarbeiter einen Eindruck von der Arbeit und davon, wie das Unternehmen seine Mitarbeiter integriert und erfolgreich macht, erhalten.

Bestandteile eines Praktikums:

- Persönliche Betreuung,
- Zielvereinbarung,
- Praktische Arbeit im Unternehmen,
- Kennenlernen des Unternehmensumfeldes,
- Feedback.

Wichtig für einen Praktikanten, der nur wenig Zeit hat, sich im Unternehmen zu orientieren, sind klare Ansprechpartner, die ihm helfen, sich im Unternehmen zurechtzufinden. Es hat sich bewährt, wenn die Verantwortung für die Praktikantenbetreuung an einer Stelle im Unternehmen – idealerweise bei einer Person – gebündelt ist. Sie dient sowohl den Studenten als auch den Fach- und Führungskräften, die mit den Praktikanten zusammenarbeiten sollen, als Bezugsperson und sorgt dafür, dass die Praktika in den gewünschten Bahnen verlaufen und alle notwendigen Bestandteile beinhalten. Sie übernimmt zu Beginn die Kontaktaufnahme zu möglichen Praktikanten, trifft die Auswahl, erledigt die Formalitäten dieser zeitlich befristeten Beschäftigung und sorgt für ein adäquates Einsatzfeld in einer Fachabteilung, in der ein fachlich kompetenter Ansprechpartner zur Verfügung steht.

Ansprechpartner im Unternehmen

Im Verlauf des Praktikums begleitet die Bezugsperson eher moderierend den Aufenthalt. Zu Anfang sorgt sie zum Beispiel dafür, dass der Praktikant mit dem Ansprechpartner der Fachabteilung eine klare Zielvereinbarung trifft. Diese beinhaltet zum einen die Ziele, die der Praktikant aus seiner Ausbildungssituation heraus erreichen will, und zum anderen die Ziele, die er für das Unternehmen erreichen soll.

Auch Praktikanten brauchen Ziele

Zielvereinbarung zum Praktikum:

- Welche Kompetenzen, Erfahrungen soll der Praktikant nach Ablauf des Praktikums erworben haben?

- Welche praktischen Leistungen und Ergebnisse soll der Praktikant in der Fachabteilung für das Unternehmen erbringen?
- Welche Unterstützung erhält der Praktikant von der Fachabteilung?
- Welches Know-how bringt der Praktikant ins Unternehmen ein?

 Die Checkliste finden Sie unter Prakt_Zi.doc

Vereinbarung zum gegenseitigen Nutzen

Die Zielvereinbarung macht den Praktikanten mit einem wesentlichen Prinzip der Arbeit in Organisationen bekannt, nämlich dem der gegenseitigen Verpflichtung. Beide Seiten verpflichten sich, für den jeweils anderen Partner eine Leistung zu erbringen, und erhalten dafür eine Gegenleistung. Der Betreuer achtet darauf, dass zwischen der Fachabteilung und dem Studenten eine echte Vereinbarung, also eine faire Übereinkunft zwischen zwei Partnern zustande kommt – und nicht etwa eine einseitige Zielvorgabe erfolgt.

Bei der Auswahl eines Einsatzbereiches ist streng darauf zu achten, dass ein Aufgabenfeld gefunden wird, in dem der Praktikant mit seiner Qualifikation eine reale Aufgabe zu lösen hat.

Voraussetzung für Erfolgserlebnisse

 Der Student will die praktische Arbeit kennen lernen. Das passiert nicht durch Beobachtung oder durch das Lösen von Scheinaufgaben. Nur die Bearbeitung von echten Aufträgen – z.B. Lösung von Aufgabenstellungen in einem realen Projektzusammenhang – bringt das Gefühl, eine sinnvolle Leistung erbracht zu haben und verschafft die Möglichkeit echter Erfolgserlebnisse. Ideal ist es, wenn der Praktikant sein im Studium erworbenes Know-how einsetzen kann.

Damit der Student im Praktikum auch einen Eindruck vom unternehmerischen Umfeld erhält, in dem er arbeitet, sollten Informationsveranstaltungen und Betriebsbesichtigungen angeboten werden.

Am Ende eines Praktikums steht die gemeinsame Betrachtung seines Verlaufs und seiner Ergebnisse, also eine Überprüfung, ob die zu Beginn vereinbarten Ziele erreicht wurden. Auch an dieser Stelle ist es wichtig, dafür zu sorgen, dass die beiden Parteien voneinander profitieren. Auch wenn die Zusammenarbeit nur von kurzer Dauer war, konnten beide Partner nützliche Informationen über einander sammeln. Der Student kann dem Unternehmen und insbesondere seinen Betreuern aus seiner unvoreingenommenen – noch nicht betriebsblinden – Sicht eine Rückmeldung über die Arbeit in der Fachabteilung und die Organisation des Praktikums geben. Für das Unternehmen kann diese Außenperspektive zur wichtigen Quelle für Optimierungsansätze im Rahmen kontinuierlicher Verbesserungsprozesse werden. Für den Praktikanten ist es wichtig, ein Feedback über die eigene Arbeit im betrieblichen Kontext zu erhalten. Aussagen über Stärken und Schwächen in arbeitsrelevanten Kompetenzen sollten mit Hinweisen darüber verbunden werden, was der Student bis zum endgültigen Eintritt ins Berufsleben unternehmen kann, um Stärken weiter auszubauen und Schwächen zu kompensieren. Für die meisten Studenten ist diese Art von „Karriereberatung" einer der wichtigsten Teile des Praktikums.

Gegenseitiges Feedback als Zusatznutzen

Entwicklungshinweise für Praktikanten:

1. Fach- und Methodenkompetenz: Einschätzung der Stärken und Schwächen; Entwicklungsempfehlung
2. Sozialkompetenz und Persönlichkeit: Einschätzung der Stärken und Schwächen; Entwicklungsempfehlung
3. Sonstige Empfehlungen für Studium und Karrierevorbereitung.

 Die Checkliste finden Sie unter Prakt_Fe.doc

Die Beurteilung, die den Studenten zur weiteren Gestaltung ihrer beruflichen Entwicklung wertvoll ist, hat natürlich auch für das Unternehmen einen Nutzen.

Personalmarketing und Bewerbung

 Sofern sich der Praktikant als erfolgversprechende Nachwuchskraft darstellt, wird das Unternehmen alles tun, um die Beziehung aufrecht zu halten, und eine spätere Beschäftigung anstreben.

Die Beurteilung der Leistungen im Praktikum erleichtert auch die Erstellung eines aussagefähigen Arbeitszeugnisses für den Praktikanten. Gerade die Zeugnisse über praktische Tätigkeiten außerhalb des Studiums sind oft bei späteren Bewerbungen von höherer Bedeutung als die Zeugnisse über schulische Leistungen oder abgelegte Prüfungen.

4.1.2 Diplomanden

Praktika bieten Unternehmen und Studenten eine Möglichkeit zu erstem vertieftem Kennenlernen. Die Möglichkeiten, voneinander zu profitieren, sind in der Regel durch den knappen zeitlichen Rahmen begrenzt. Eine weiter gehende Möglichkeit bietet die Vergabe und Betreuung von Diplomarbeiten. Unternehmen haben so die Möglichkeit, eine vorhandene Problemstellung von einer wissenschaftlich ausgebildeten Fachkraft bearbeiten zu

Theorie trifft Praxis   lassen, die wahrscheinlich mit großem Engagement all ihr Wissen in die Bearbeitung der Fragestellung stecken wird.

 Das Know-how eines Diplomanden ist dabei frisch vom aktuellen „State of the Art" im jeweiligen Fachgebiet geprägt. Der Blick des Studenten auf die Thematik ist noch nicht durch eine längere Anpassung an die betrieblichen Gegebenheiten und Routinen von „Betriebsblindheit" getrübt. Der Diplomand im Gegenzug erhält eine über die Möglichkeiten von Praktika weit hinausgehende Chance, die praktische Arbeit im Unternehmen kennen zu lernen.

Er bearbeitet eine Fragestellung, die es ihm erlaubt, Theorie und Praxis ideal zu verbinden. Der betriebliche Kontext bietet ihm in der Regel die kostenlose Nutzung von Ressourcen, die ihm an den meisten Universitäten in diesem Umfang nicht zur Verfügung stehen. Mit der erfolgreichen Bearbeitung einer praxisnahen Diplomarbeit erhält er eine Bestätigung seiner Leistungsfähigkeit, die seinen Wert auf dem Arbeitsmarkt weit mehr erhöht als die Zensuren aus allen anderen Prüfungen.

Zielsetzung   Wie bei einem Praktikum steht auch am Anfang der Zusammenarbeit mit Diplomanden eine Zielvereinbarung. Diese findet allerdings hier lange vor dem eigentlichen Start der Arbeit statt, denn die Abstimmung und Genehmigung der Arbeitsthemen mit den Prüfungsausschüssen der Hochschulen nimmt eine gewisse Zeit in Anspruch. Die Zielvereinbarung definiert die Fragestellung und gibt an, welche Ergebnisse in welchem Zeitrahmen erarbeitet werden sollen. Darüber hinaus wird festgelegt, welche Ressourcen genutzt werden können und welche Unterstützung dem Studenten zur Verfügung gestellt wird.

Zielvereinbarung zur Diplom-/Examensarbeit

- Wie lauten Titel und genaue Fragestellung der Arbeit?
- Wann werden die Ergebnisse in welcher Form präsentiert? Wann werden welche Zwischenergebnisse präsentiert?
- Welche Ressourcen werden dem Diplomanden für die Zeit der Bearbeitung überlassen?
- Welche Ansprechpartner stehen dem Studenten zur Verfügung?
- Welche weiteren Rechte und Pflichten ergeben sich für Diplomanden und Unternehmen?

 Die Checkliste finden Sie unter Diplziel.doc

Für die erfolgreiche Bearbeitung der Arbeit kann eine Prämie in Aussicht gestellt werden. Auch die Frage, ob und in welchem Umfang Verwertungsrechte an den Ergebnissen der Arbeit auf das Unternehmen übergehen, muss vorab klar vereinbart sein.

Für den Fleiß einen Preis!

Nach der Fertigstellung der Diplomarbeit und der Präsentation der Ergebnisse erfolgt eine Abschlussbewertung mit den gleichen Inhalten wie bei einem Praktikum. Wenn eine Übernahme des Studenten in ein Arbeitsverhältnis erfolgen soll, geht diese in die erste Entwicklungsvereinbarung im Rahmen der weiteren Einarbeitung ein.

4.1.3 Einarbeitung neuer Mitarbeiter

Während der Einarbeitung neuer Mitarbeiter verfolgen das Unternehmen auf der einen Seite und die neuen Mitarbeiter komplementäre Ziele. Das Unternehmen will die neuen Mitarbeiter so schnell und umfassend wie möglich in die Arbeitsprozesse integrieren. Sein Ziel ist es also, dafür zu sorgen, dass die neuen Mitarbeiter sich schnell in ihren Aufgaben zurechtfinden und die ihnen gestellten Ziele selbstständig realisieren. Die Mitarbeiter auf der anderen Seite wollen sich in der neuen Situation orientieren. Sie wollen das neue unbekannte Umfeld erkunden, ihre Arbeit

Gegenseitiges Kennenlernen

und die Personen, mit denen sie es zu tun haben, kennen lernen. Sie wollen den Status einer gewissen Hilflosigkeit, die sich zwangsläufig in einem unbekannten Terrain ergibt, abstreifen und die Handlungsfähigkeit erlangen, die sie brauchen, um ihre Ziele zu realisieren.

Arbeit und Umfeld kennenlernen

Die arbeitsbezogene Orientierung der neuen Mitarbeiter bezieht sich auf zwei Aspekte: Zum einen ist dies die neue Tätigkeit im engeren Sinne, also das, was konkret am Arbeitsplatz zu tun ist, die Ziele, die zu realisieren sind, Systeme und Instrumente, mit denen die Arbeit erledigt wird, und die Rahmenbedingungen, unter denen die Arbeit erfolgen muss. Zum zweiten ist dies das Unternehmen, seine Beziehungen und Abhängigkeiten in sich und mit seiner Umwelt, dem Markt.

Arbeitsplatzbezogene Einarbeitung

Am Anfang der Einarbeitung steht die Besprechung des Stellenbildes (vgl. 3.1) zwischen dem Neuling und seinem Vorgesetzten. So wie sich in der späteren Zusammenarbeit im Rahmen von Zielvereinbarungsgesprächen konkrete Jahresziele aus dem Stellenbild vor dem Hintergrund der strategischen Zielsetzungen des Unternehmens ableiten lassen, werden am Beginn der Zusammenarbeit Ziele für die Einarbeitungszeit vereinbart.

Zielvereinbarung zur Einarbeitung:

Zielvereinbarung

- Welche Aufgaben werden im Einarbeitungszeitraum mit welchem – überprüfbaren! – Ergebnis bearbeitet?
- Welche Kompetenzen erwirbt der neue Mitarbeiter während der Einarbeitungszeit (z.B. Fertigkeiten im Umgang mit arbeitsplatzspezifischen Instrumenten und Methoden)?
- Wann werden die Ergebnisse in welcher Form gemeinsam überprüft?
- Welche Unterstützung erhält der neue Mitarbeiter, um die Ziele erreichen zu können?
- Von wem erhält der neue Mitarbeiter die vereinbarte Unterstützung?

 Die Checkliste finden Sie unter Einarb.doc

Mit der Vereinbarung der Ziele erhält der Mitarbeiter eine klare Ausrichtung für die ersten Zeit im Unternehmen. An dieser Stelle ist es von besonderer Wichtigkeit, darauf zu achten, dass die Ziele realistisch sind, d.h. dass sie in der zur Verfügung stehenden Zeit mit den bereitstehenden Mitteln und Kompetenzen realisiert werden können.

Sofern es erforderlich ist, neue Kompetenzen zu erwerben, stehen unterschiedliche Methoden zur Verfügung, die je nach Situation und Art der Aufgabe ausgewählt werden können. Teilweise werden Kompetenzen einfach im Vollzug der Arbeit erworben, teilweise ist eine unterstützende Begleitung durch Kollegen oder Vorgesetzte notwendig. In machen Fällen wird man um eine formale Schulung oder ein Training nicht herumkommen, während das Wissen in anderen Fällen durch Selbststudium (zum Beispiel mit Hilfe von Akten und Unterlagen, Literatur, Lernprogrammen, Lernsoftware, Videos oder anderen Medien) erworben werden kann.

Kompetenzen erwerben

Unternehmensbezogene Einarbeitung

Die arbeitsbezogene Einarbeitung sorgt dafür, dass neue Mitarbeiter schnell in der Lage sind, das zu tun, was ihre Aufgabe ist. Darüber hinaus gibt es im weiteren Umfeld des Arbeitsplatzes eine Reihe von Zusammenhängen, in die neue Mitarbeiter eingeführt werden müssen.

Welches sind die wichtigen Schnittstellen des eigenen Bereiches? Was sind die Ziele und Strategien des gesamten Unternehmens? Welche anderen Bereiche arbeiten in welcher Form zusammen? Wie ist das Unternehmen strukturiert und wie hat es seine Kernprozesse organisiert? Was zeichnet die Unternehmenskultur aus – was sind Werte und Normen im Unternehmen? Welche Personen spielen formal oder informell eine wichtige Rolle? Man kann davon ausgehen, dass all diese Fragen früher oder später von selbst eine Antwort finden. Wenn es – was meist der Fall ist – länger dauert, verlängert sich automatisch die Zeit der Unsicherheit, in der ein neuer Mitarbeiter sich noch fremd im Unternehmen fühlt.

Das Unternehmen kennenlernen

 Mitarbeiter bringen dann die größte Leistungsbereitschaft auf, wenn sie sich mit dem Unternehmen und seinen Zielen identifizieren. Wie sollen Sie sich aber mit etwas identifizieren, was sie erst vage kennen? Aus diesem

Grund ist es sinnvoll, das Kennenlernen aktiv zu gestalten, indem man ein Einführungsprogramm organisiert.

Nicht alle Mitarbeiter haben hier den gleichen Informationsbedarf. Das hängt vor allem mit der eigenen Aufgabe zusammen. Mitarbeiter in Dienstleistungsbereichen, die Querschnittsaufgaben für das gesamte Unternehmen wahrnehmen und also mit allen anderen Bereichen Kontakt haben und Schnittstellen pflegen müssen, brauchen in der Regel ein sehr ausführliches Einführungsprogramm. Wer innerhalb eines Kernprozesses arbeitet und weniger Schnittstellen mit anderen Bereichen hat, hat einen geringeren Informationsbedarf. Grundsätzlich sollten Einführungsprogramme – schon aus Gründen der Wirtschaftlichkeit – individuell auf den Bedarf zugeschnitten werden. Dies geschieht am einfachsten mit Hilfe einer Checkliste. Die Führungskraft der neuen Mitarbeiter gibt vor deren Eintritt an, welche Bereiche und Themen im Rahmen der Einführung behandelt werden sollen.

Individueller Zuschnitt

Die folgende Checkliste wird im Unternehmen der Autoren verwendet:

Anforderungsbogen Einarbeitungsprogramm	
Diesen Bogen bitte zusammen mit der 1. Seite des Einarbeitungsplans ausgefüllt an die Personalentwicklung (Fax ....) senden. Für Rückfragen stehen wir Ihnen gern zur Verfügung (Tel.: ....).	
Name des Trainees:	
Abteilung:	
Eintrittsdatum:	
Dialog mit der Geschäftsleitung	Fix
Unternehmensorganisation und -philosophie	Fix
Arbeitsschutz-Umweltschutz	Fix
Produktschulung für techn. Mitarbeiter 40 Std.	
Produktschulung für kaufm. Mitarbeiter 8 Std.	
Informationsverarbeitung	
Entwicklung und Produktmarketing Verbindungstechnik	

Entwicklung und Produktmarketing Elektronik	
Patentwesen	
Testlabor Betriebsbesichtigung	
Marketing Support/Messekoordination	
Presse- und Öffentlichkeitsarbeit	
Zentrale Korrespondenz	
Personalentwicklung	
Ausbildung/Phoenix College	
Vertrieb International	
Vertrieb Deutschland	
Systemvertrieb	
Kundenschulungen und -seminare	
Einkauf	
Logistik	
Elektronikfertigung Betriebsbesichtigung	
Maschinenbau	
Teileproduktion	
Montage	
Klemmenleistenmontage	
key-market production	
Qualitätsmanagement	
Service und Reparatur	
Seminar für neue Mitarbeiter	
C.I.S. - Computer Integrated Selling	
Bitte bedenken Sie bei der Auswahl der Programmpunkte, dass dem Trainee auch die notwendige Zeit für das Programm zur Verfügung gestellt wird und dass jeder dieser Punkte Kosten verursacht, also betrieblich notwendig ausgewählt werden sollte	

 Eine vergleichbare Checkliste finden Sie unter Einf_Chk.doc

**Fixpunkte der
Einarbeitung**

Neben den Einführungspunkten, die nach Notwendigkeit von der Führungskraft zusammengestellt werden, gibt es in jedem Unternehmen einige Punkte, die für alle neuen Mitarbeiter wichtig sind. Dazu gehört zum Beispiel eine Veranstaltung, die den Neulingen die Unternehmensstrategie und -kultur vermittelt, eine Schulung in Arbeitssicherheit und Umweltschutz oder eine Gesprächsrunde mit Mitgliedern der Geschäftsleitung.

Die verschiedenen Einführungsbausteine können unterschiedliche Formen annehmen. Einige Bausteine erfolgen in Form einer Präsentation (z.B. Bereiche stellen sich vor), andere sind Diskussionsveranstaltungen (z.B. Dialog mit der Geschäftsleitung), wieder andere finden in Form von Zweiergesprächen (Abschlussgespräch) statt. Daneben kommen Führungen und Besichtigungen (z.B. Distributionszentrum) oder sogar Arbeitsaufenthalte in einzelnen Abteilungen (z.B. in der Produktion oder im Vertrieb) in Frage.

Es hat sich in der Praxis als sehr hilfreich erwiesen, wenn eine Person als zentraler Ansprechpartner für die neuen Mitarbeiter im Unternehmen die Einführungsprogramme betreut, organisiert und auf einheitliche Qualität der Bausteine achtet.

**Qualitätssicherung
in der Einarbeitung**

Ihre Aufgabe ist es auch, mit allen Beteiligten einheitliche Standards festzulegen. (z.B. die Teilnehmer erfahren mindestens Ziele und Tätigkeiten, Organisation, handelnde Personen, Ansprechpartner und Schnittstellen der vorgestellten Bereiche und erhalten eine Unterlage, in der die wichtigsten Inhalte zusammengefasst sind).

Die Teilnehmer erhalten einen Beurteilungsbogen, der dazu dient, die Qualität zu registrieren und gegebenenfalls den Referenten ein Feedback zu geben, das ihnen Hinweise zu Optimierungsmöglichkeiten gibt.

4.2   Karrierewege

Ein großes Interesse der Wirtschaft besteht darin, leistungsfähige
Mitarbeiter zu entwickeln und an das Unternehmen zu binden.
Gerade letzteres ist heute besonders wichtig, da die Suche auf
dem Arbeitsmarkt nach hoch qualifizierten Mitarbeitern schwie-
riger geworden ist und dieser Trend sich fortsetzen wird. Welche
Möglichkeiten gibt es nun, hoch motivierte und leistungsfähige
Mitarbeiter, d.h. High Potentials, an das Unternehmen zu binden?   **High Potentials**
Häufig werden finanzielle Anreizsysteme und Incentives dafür
eingesetzt. Die finanzielle Entwicklung wird jedoch gerade von
High Potentials als sekundär gewertet. Primär sind es die Entwicklungsmöglichkeiten und die interessante Aufgabe im Unternehmen, die eine Bindung an das Unternehmen sichern.

Um ihren High Potentials eine Entwicklungsperspektive anzubieten, tendieren Unternehmen dazu, diese nach gewisser Einarbeitungszeit als Führungskräfte einzusetzen. Schließlich ist mit
der Funktion einer Führungskraft Image, Vollmacht und finanzi-
eller Aufstieg verbunden. Ein High Potential hat sich in der Regel zu Beginn seiner Karriere primär als Fachexperte bewährt.
Daraus resultiert nicht automatisch, dass er auch eine gute
Führungskraft wird. Leider wird oft eine eher unkritische Entwicklung vom Experten zur Führungskraft praktiziert, obwohl als
Führungskraft Sozial- und Führungskompetenzen verlangt werden, über die der High Potential nicht selbstverständlich verfügt.

Existieren im Unternehmen nicht genügend Karrieremöglichkeiten außer der Führungsentwicklung, erhöht sich die Fluktua-
tion der High Potentials, die als Fachexperten wichtig für ein Un-   **Führungslaufbahn**
ternehmen sind (Olesch, 1992). Dies wird dadurch unterstützt,   **allein genügt nicht**
dass es heute durch lean management und Einführung von Grup-
penarbeit flachere Organisationen gibt, die nicht mehr so viele
Führungskräfte benötigen wie z.B. vor zehn Jahren. Von daher ist
es heute enorm wichtig, besondere Expertenlaufbahnen für High
Potentials zu generieren. (Domsch/Siemers, 1994; Müller/Stöpf-
geshoff, 1998). Diese sollen über das gleiche Image, die gleichen
Vollmachten, Kompetenzen und monetären Rahmenbedingungen verfügen.

Fachexperte	Führungskraft
• gleiches Image • gleiches Gehalt • Fach- und Projektverantwortung • Konzentration auf spezialisiertes Fach- und Expertenwissen	• gleiches Image • gleiches Gehalt • Führungs- und Personalverantwortung • Konzentration auf generalistisches Wissen

High Potentials haben die Wahl

Über kurz oder lang stellt sich jedem erfolgsorientierten Mitarbeiter die Frage, welchen Weg er für die eigene Karriere einschlagen soll. Zur Beantwortung wägt er in aller Regel verschiedene Optionen ab und entscheidet sich schließlich für die Alternative, die ihn in seiner Lebensplanung am weitesten bringt. Zum Erreichen seiner Ziele ist er bereit, einiges zu investieren. Mehrarbeit, Freizeitverzicht, nebenberufliche Weiterbildung oder Wohnortwechsel sind nur einige wenige Beispiele. Das Unternehmen ist aus mehreren Gründen daran interessiert, leistungsstarke Mitarbeiter an sich zu binden.

 Die Entwicklung von Fach- und Führungskräften aus den eigenen Reihen trägt zur Stärkung der Unternehmenskultur bei, während die externe Besetzung zentraler Positionen eher zur Verwässerung der eigenen Kultur beiträgt. Loyalität, Engagement und Selbstverantwortung leistungsstarker Mitarbeiter werden durch klare Entwicklungsperspektiven im Unternehmen gesteigert.

Leistung muss sich lohnen

Das Angebot von Entwicklungsperspektiven stellt einen starken Leistungsanreiz für die Mitarbeiter dar, wenn klar erkennbar ist, dass sich der Einsatz lohnt. Die Kriterien für die Zuteilung individueller Entwicklungschancen sind daher ein bedeutsames Signal zur Orientierung der Mitarbeiter an den Werten einer Leistungskultur. Für jeden Mitarbeiter muss klar sein, dass sich Leistung lohnt. Wenn das nicht der Fall ist, leidet die Motivation im Unternehmen. Bei der Vergabe von Entwicklungsperspektiven und -chancen muss daher immer die erbrachte Spitzenleistung im Vordergrund stehen. Persönliche Eigenschaften oder Attribute der Mitarbeiter sind in dieser Hinsicht sekundär. Sie sind nur dann relevant, wenn sie zur Leistungssteigerung beitragen.

Die Führungskräfte haben bei der Entwicklung der Leistungsträger des Unternehmens eine herausragende Rolle. Sie sind es, die am ehesten die Leistungen ihrer Mitarbeiter beurteilen. Sie erkennen auch schnell, in welchen Mitarbeitern weitere Potentiale stecken. Führungskräfte stellen in der täglichen Praxis Anforderungen, bieten Lernfelder und geben Feedback. Sie sind es, die am ehesten erkennen können, wie jemand seine Leistungsfähigkeit entwickelt, wie er Anforderungen annimmt und Eigeninitiative beweist. Personalentwicklung hat eine Dienstleistungsfunktion. Sie bietet Strukturen und Instrumente, begleitet die Führungskräfte und berät sie bei der Potential-Entwicklung. Sie organisiert darüber hinaus die erforderlichen Bildungsmaßnahmen.

Die zentrale Rolle der Führungskräfte

→ Mitarbeiter, die an einer beruflichen Weiterentwicklung interessiert sind, beobachten in der Regel sehr genau, welche Möglichkeiten sich ihnen bieten und was sie tun müssen, um sie zu erreichen. Sie richten ihr Handeln – mehr oder weniger bewusst – danach aus, was erwartet wird. Sie beobachten genau, welches Verhalten mit Karriere belohnt und welches mit Stagnation bestraft wird.

An dieser Stelle ergibt sich für viele Unternehmen ein Problem: Karriere ist meist mit der Übernahme von Personalverantwortung verbunden und dadurch ergibt sich eine teilweise paradoxe Anreizsituation. Bestimmte für das Unternehmen wichtige Leistungsaspekte sind für die Vergabe von Führungsaufgaben irrelevant. Als Führungskraft ist es vor allem wichtig, ein Team zum Erfolg zu führen, die Mitarbeiter zu entwickeln und zu motivieren. Fachliche Spitzenleistungen qualifizieren nicht unbedingt zur Mitarbeiterführung. Das kann für Unternehmen, die davon leben, dass sie sich mit modernster Technologie beschäftigen, zum Problem werden, wenn Ingenieure ihre eigentlichen Aufgabenfelder vernachlässigen, um sich als zukünftige Führungskraft ins Gespräch zu bringen. Es besteht die Gefahr, dass das Unternehmen einen herausragenden Ingenieur verliert, um eine mittelmäßige Führungskraft zu erhalten. Es fehlt zu häufig die Karriereperspektive für Mitarbeiter mit herausragendem fachlichem Know-how, die den Anreiz zum Erhalt und zur Weiterentwicklung auf diesem für das Unternehmen so zentralen Kompetenzfeld gibt.

Die richtigen Signale geben

Unternehmen brauchen immer ein Bündel unterschiedlicher Kompetenzen in ihren Reihen. Da Menschen in den seltensten

Fällen alle Kompetenzen in einer hohen Ausprägung in sich vereinen können, ist es also sinnvoll, im Unternehmen mindestens zwei verschiedene Laufbahnalternativen anzubieten. Eine für Mitarbeiter, die in der Führungsaufgabe eine besondere Kompetenz besitzen – die traditionelle Führungslaufbahn –, und eine für die, deren Kompetenzschwerpunkt eindeutig im Fachlichen liegt – die Fachlaufbahn.

Karrierealternativen

Natürlich kann die Entwicklung der Mitarbeiter nicht nur auf die Fälle beschränkt sein, die mit einem hierarchischen Aufstieg verbunden sind. Potentialentwicklung muss auch ohne Stellenveränderung möglich sein.

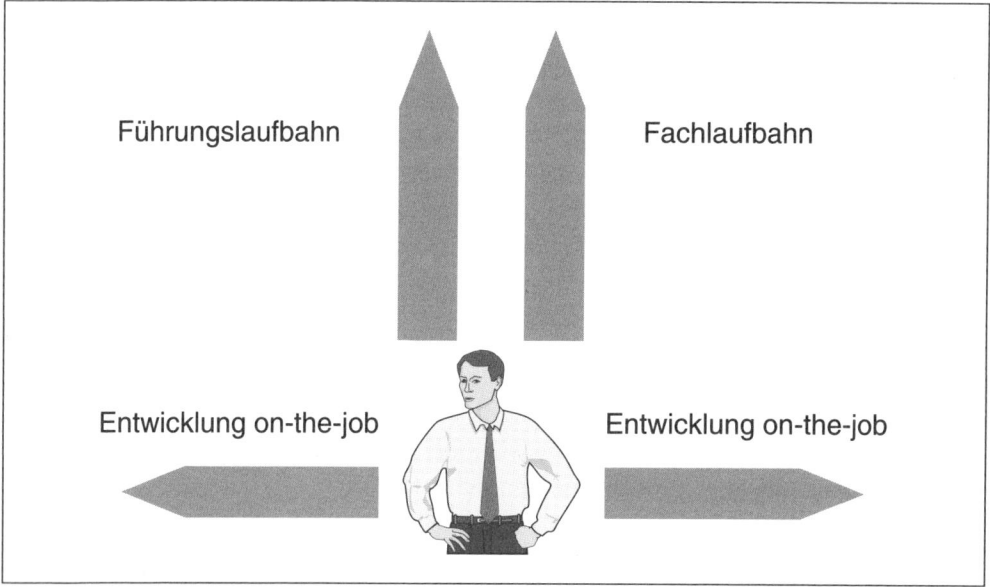

Führungslaufbahn

Fachlaufbahn

Entwicklung on-the-job

Entwicklung on-the-job

Abb. 13: Entwicklungsperspektiven im Unternehmen

4.2.1 Entwicklung on-the-job

In Zeiten flacher Hierarchien und schlanker Organisationen nimmt die Zahl der Positionen, die ein Mitarbeiter durch einen hierarchischen Aufstieg erreichen kann, zwangsläufig ab (Schuller, 1998). Andererseits vollzieht sich insbesondere bei den höher qualifizierten Mitarbeitern ein Wertewandel: Karriere oder das damit verbundene Geld allein motivieren immer weniger. Die „Erbengeneration" scheint in dieser Beziehung weniger Nachholbedarf als frühere Generationen zu haben. Die Möglichkeiten, Erfolgserlebnisse und Bestätigung in der Arbeit zu erfahren, sich im Beruf zu verwirklichen, indem man eine interessante und herausfordernde Tätigkeit ausübt, rücken mehr und mehr in den Vordergrund. Auch das Streben nach Selbstständigkeit, Unabhängigkeit und persönlichem Wachstum spielt zunehmend eine herausragende Rolle. Mit diesem Verlangen der Mitarbeiter gut vereinbar ist die betriebliche Notwendigkeit nach Flexibilität und lebenslangem Lernen. Wie aber befriedigt man diese beiden Bedürfnisse?

Geld allein motiviert nicht

Der erste Schritt dahin liegt bei der Führungskraft. Sie muss anerkennen, dass ihre Mitarbeiter eine solche Motivstruktur besitzen und sie nutzen. Gemeinsam mit den Mitarbeitern kann dann der Frage nachgegangen werden, wie das Tätigkeitsspektrum so angereichert werden kann, damit die Aufgaben auch in Zukunft soviel Anreiz bieten, dass sich das Engagement lohnt, weil die sich ergebenden Erfolgserlebnisse mehr wert sind als das Erreichen von niedrig gesetzten Standardzielen.

Entwicklung on-the-job bedeutet also in erster Linie Anreicherung der Aufgaben. Über das Tagesgeschäft hinaus sollten Wachstumsmöglichkeiten in Form von Sonder- und Projektaufgaben mit gesteigerter Verantwortung und wachsender Möglichkeit zu selbstständigem und eigeninitiativem Handeln geschaffen werden. In der Auseinandersetzung mit diesen Herausforderungen stecken die Lernchancen, die die Kompetenzentwicklung vorantreiben. Die operative Aufgabe sollte kontinuierlich parallel zu dieser Entwicklung anspruchsvoller gestaltet werden.

Persönliches Wachstum und Selbständigkeit

Dieses Wachstum der Aufgaben – ohne hierarchische Veränderung – muss ebenso durch Maßnahmen der Personalentwicklung begleitet werden wie die Entwicklung von Fach- und Führungskräften.

4.2.2 Führungslaufbahn

Aus allem bisher Gesagten wird ganz deutlich, dass sich ein Wandel in der Rolle und Verantwortung von Führungskräften vollziehen muss.

Wer führt, hat nicht mehr wie früher vorrangig dafür zu sorgen, dass die Arbeit verteilt wird, dass die Mitarbeiter motiviert und sorgfältig die ihnen übertragenen Aufgaben bewältigen; er muss auch nicht mehr dafür sorgen, dass er selbst der höchst qualifizierte Experte im Team ist, der allein die schwierigen Aufgaben lösen kann. Es ist – insbesondere im High-Tech-Bereich – sowieso zunehmend unmöglich, das gesamte in einem Team notwendige Know-how bei einer Person zu bündeln.

 Der Auftrag an die Führungskraft ist zunehmend mehr der eines „Coaches". Wie beim Sport ist der Coach nicht selbst dafür zuständig, die Höchstleistungen zu vollbringen. Er sorgt dafür, dass das Team dies tut.

Die neue Rolle der Führungskraft

Er muss selbst nicht der beste Spieler sein. Zu seiner Aufgabe gehört es vorrangig, die Entwicklung seiner Team-Mitglieder zu fördern, sie fit zu halten und vor allem das Zusammenspiel der einzelnen Persönlichkeiten so zu gestalten und zu koordinieren, dass ein erfolgreiches Zusammenspiel entsteht und jeder im Team die Rolle einnimmt, die seine Stärken zu Geltung kommen lässt, während seine Schwächen von den Mitspielern kompensiert werden.

Je höher eine Führungskraft in der Hierarchie aufsteigt, desto bedeutsamer werden darüber hinaus strategische Management-Kompetenzen.

Auf den folgenden Seiten finden Sie die Aufgabenstellung für Führungskräfte, wie sie im Unternehmen der Autoren definiert ist.

1. Verantwortungsbereich	Bereichsleiter	Abteilungsleiter	Gruppenleiter
Führung	führt fachlich und personell die unmittelbar unterstellten Mitarbeiter arbeitet aktiv in wichtigen Gremien und Projekten, die die strategische Ausrichtung des Gesamtunternehmens gestalten, repräsentiert das Unternehmen nach innen und außen.	führt fachlich und personell die unmittelbar unterstellten Mitarbeiter, vertritt und repräsentiert das Unternehmen gegenüber den Mitarbeitern der Abteilung	führt fachlich und personell die Mitarbeiter der Gruppe, vertritt das Unternehmen den Mitarbeitern der Gruppe gegenüber.
Personalverantwortung	ist dafür verantwortlich, dass die Führungskräfte und Mitarbeiter des Bereiches nach den Unternehmensleitlinien geführt und so eingesetzt werden, dass sie engagiert und loyal die Ziele des Unternehmens realisieren. ist dafür verantwortlich, dass durch die Entwicklung der Potenziale der Mitarbeiter die Leistungsfähigkeit des Bereiches und damit des Gesamtunternehmens langfristig gesichert wird.	ist dafür verantwortlich, dass die in der Abteilung arbeitenden Führungskräfte und Mitarbeiter zielorientiert eingesetzt und geführt werden. ist dafür verantwortlich, dass die Qualifikation und die Leistungsfähigkeit der Mitarbeiter der Abteilung den Anforderungen der Zukunft entsprechen.	ist dafür verantwortlich, dass die in der Gruppe arbeitenden Mitarbeiter zielorientiert eingesetzt werden und dass sie engagiert und kompetent arbeiten.
Zuständigkeit	ist mit der Führung einer übergreifenden, für das Gesamtunternehmen strategisch	ist mit der Führung einer Einheit betraut, in der Mitarbeiter artverwandte oder fach-	ist mit der Führung einer Einheit betraut, in der Mitarbeiter artverwandte oder fach-

1. Verantwortungsbereich	Bereichsleiter	Abteilungsleiter	Gruppenleiter
	wichtigen Einheit betraut. Ein Bereich besteht aus mehreren Abteilungen, die unterschiedliche Aufgabenfelder bearbeiten.	lich zusammenhängende Aufgaben lösen. Eine Abteilung kann aus mehreren Gruppen bestehen.	lich zusammenhängende Aufgaben lösen.
Ergebnisverantwortung	ist dafür verantwortlich, dass die Leistungen des Bereiches auf dem hohen Niveau liegen, das für die Positionierung des Unternehmens am Markt erforderlich ist, und dass sie weiter steigen.	ist dafür verantwortlich, dass die Leistungen der Abteilung auf einem hohen Niveau liegen und kontinuierlich steigen.	ist dafür verantwortlich, dass die Leistungen der Gruppe auf einem hohen Niveau liegen und weiter steigen.
Kostenverantwortung	ist dafür verantwortlich, dass die Arbeit im Bereich mit einem Höchstmaß an Wirtschaftlichkeit erbracht wird und daß die Effizienz weiter gesteigert wird.	ist dafür verantwortlich, dass die Leistungen der Abteilung effizient erbracht werden und dass der vereinbarte Kostenrahmen eingehalten wird.	ist dafür verantwortlich, dass die vereinbarte Kostenplanung für die Gruppe eingehalten wird.
Prozessverantwortung	ist dafür verantwortlich, dass die Arbeitsprozesse und die Organisation im Bereich kontinuierlich optimiert werden und dadurch den Leistungs- und Wirtschaftlichkeitserfordernissen gerecht werden.	ist dafür verantwortlich, dass die Arbeitsprozesse der Abteilung kontinuierlich optimiert werden.	ist dafür verantwortlich, dass die Arbeitsprozesse in der - Gruppe effektiv und effizient ablaufen.
Unterstellung	ist der Geschäfts- bzw. Ressortleitung unterstellt und berichtspflichtig.	ist der Bereichs- oder Ressortleitung unterstellt und berichtspflichtig.	ist der Abteilungs- oder Bereichsleitung unterstellt und berichtspflichtig.

2. Kompetenz/ Vollmacht	Bereichsleiter	Abteilungsleiter	Gruppenleiter
Planung	plant in Zusammenarbeit mit den ihm unterstellten Führungskräften und Fachleitern Ziele, Personal, Kosten und Investitionen des Bereiches. stimmt die Planungen mit der Geschäfts- bzw. Ressortleitung ab. überwacht und steuert die Einhaltung der Planung im Bereich.	plant zusammen mit seinen Gruppen- und Fachleitern Ziele, Personal, Kosten und Investitionen der Abteilung. stimmt die Planung mit der Bereichs- bzw. Ressortleitung ab. sorgt in der Folge für die Einhaltung.	plant in Abstimmung mit seinem Vorgesetzten Ziele, Personal, Kosten und Investitionen der Gruppe. sorgt in der Folge für die Einhaltung.
Entscheidungsvollmacht	erhält die Vollmacht, alle internen Entscheidungen zu treffen, die für die Realisierung der mit der Geschäfts- bzw. Ressortleitung vereinbarten Ziele erforderlich sind. Entscheidungen, die von strategischer oder bereichsübergreifender Tragweite sind, werden mit der Geschäfts- bzw. Ressortleitung abgestimmt.	erhält die Vollmacht, alle internen Entscheidungen zu treffen, die für die Realisierung seines Auftrages – im Rahmen der mit der Bereichs- bzw. Ressortleitung vereinbarten Ziele – erforderlich sind. Entscheidungen, deren Auswirkungen über die eigene Abteilung hinausgehen, werden mit der Bereichs- bzw. Ressortleitung abgestimmt.	erhält die Vollmacht, die internen Entscheidungen zu treffen, die für die Realisierung seines Auftrages im Rahmen der vereinbarten Ziele erforderlich sind. Entscheidungen, deren Wirkungen über die eigene Gruppe hinausgehen, werden mit der Abteilungs- bzw. Bereichsleitung abgestimmt.

Innerhalb der Führungslaufbahn gibt es eine zusätzliche Möglichkeit, interessante Karriereperspektiven zu schaffen: Stellvertreterpositionen.

Stellen für stellvertretende Führungskräfte können in Bereichen, Abteilungen und Gruppen eingerichtet werden. Sie werden geschaffen, um sicherzustellen, daß die Führungsaufgabe kontinuierlich in dem für den Erfolg der Einheit erforderlichem Qualität wahrgenommen wird.

 Der Leiter einer Einheit arbeitet mit seinem Stellvertreter als Führungsteam zusammen. Der Stellvertreter hat also auch während der Anwesenheit des Leiters eine Führungsaufgabe.

Führung im Team Je nach Zielen, Aufgaben, Organisation und Ablaufgestaltung der Einheit können sie eine Aufgabenteilung in der Führung vereinbaren (z.B. der Leiter vertritt vorrangig die Einheit nach außen, während sein Stellvertreter v.a. für die „innere Führung" der Einheit zuständig ist).

Der Stellvertreter vertritt den Leiter einer Einheit in dessen Abwesenheit. Der Stellvertreter trägt während der Abwesenheit dessen Verantwortung und erhält die dazu erforderlichen Kompetenzen und Vollmachten. Beide stellen durch Absprachen und Vereinbarungen sicher, daß die Kontinuität der Führung gewahrt wird.

4.2.3 Fachlaufbahn

Fachleiter haben im Unternehmen den Auftrag, die Tätigkeiten, die fachlich besonders anspruchsvoll sind, zu bearbeiten. Sie sind dafür verantwortlich, das im Unternehmen vorhandene Wissen weiterzuentwickeln und zu verbreiten.

 Die Fachlaufbahn ist für diejenigen Mitarbeiter interessant, die sowohl was ihre Neigungen als auch was ihre Kompetenzen angeht, einen eindeutigen Schwerpunkt auf fachlichen Aufgaben haben.

Das Fachliche steht im Mittelpunkt Schwerpunkt bedeutet dabei allerdings nicht, dass die sozialen und persönlichen Kompetenzen für Fachleiter vernachlässigt werden können. Jeder Fachleiter, der sein Know-how im Unternehmen verbreitet, indem er andere Mitarbeiter von seinen Lösungen und Konzepten überzeugt oder indem er andere schult und weiterbildet, braucht dazu auch eine ausgeprägte Soziale Kompetenz, genauso wie jede Führungskraft in ihrem Verantwortungsbereich ein Mindestmaß an Fach- und Methodenkompetenz besitzen muss.

Auch Fachleiter brauchen soziale Kompetenz

Die folgende Beschreibung der Positionen innerhalb der Fachlaufbahn stammt aus dem Unternehmen der Autoren.

Fachkräfte erhalten den gleichen Status und die gleichen Attribute wie die Führungskräfte auf der gleichen Ebene.

Führungslaufbahn	Fachlaufbahn
Bereichsleiter Stellvertretender Bereichsleiter	Fachbereichsleiter
Abteilungsleiter Stellvertretender Abteilungsleiter	Fachleiter
Gruppenleiter Stellvertretender Gruppenleiter	Fachreferent

1. Verantwortungsbereich	Fachbereichsleiter	Fachleiter	Fachreferent
Zuständigkeit	ist mit der eigenständigen fachlichen Bearbeitung eines Spektrums von Themen betraut, die für das Gesamtunternehmen von zentraler strategischer Bedeutung sind.	ist mit der eigenständigen fachlichen Bearbeitung von Themenfeldern betraut, die von bereichs- oder abteilungsübergreifender strategischer Bedeutung sind.	ist mit der eigenständigen fachlichen Bearbeitung eines Themenfeldes betraut, das für die Arbeit eines Bereiches oder einer Abteilung von zentraler Bedeutung ist.

1. Verantwortungsbereich	Fachbereichsleiter	Fachleiter	Fachreferent
Ergebnisverantwortung	– ist dafür verantwortlich, dass die Lösungen, Produkte oder Dienstleistungen aus seinem Themenspektrum im gesamten Unternehmen auf dem weit überdurchschnittlichen Niveau liegen, das für die Positionierung des Unternehmen am Markt erforderlich ist; – schafft neues Know-how in seinem Themenspektrum, entwickelt dieses kontinuierlich weiter und sorgt für seinen umfassenden Transfer in alle Bereiche; – erstellt strategisch wichtige Richtlinien und Vorgehensweisen, implementiert diese und achtet auf ihre unternehmensweite Einhaltung.	– ist dafür verantwortlich, dass die Lösungen, Produkte oder Dienstleistungen aus seinen Themenfeldern bereichs- und abteilungsübergreifend auf dem weit überdurchschnittlichen Niveau liegen, das das Unternehmen braucht; – entwickelt das Know-how in seinen Themenfeldern kontinuierlich weiter und sorgt dafür, dass es allen Mitarbeitern, die es für ihre Tätigkeit benötigen, zur Verfügung steht; – erstellt strategisch wichtige Richtlinien und Vorgehensweisen, implementiert diese und achtet auf ihre Einhaltung – auch in anderen Bereichen.	– ist dafür verantwortlich, dass im gesamten Bereich bzw. in der gesamten Abteilung die Lösungen, Produkte und Dienstleistungen seines Themenfeldes auf weit überdurchschnittlichem Niveau liegen; – entwickelt das Know-how in seinem Themenfeld kontinuierlich weiter und sorgt dafür, dass es allen Mitarbeitern des Bereiches bzw. der Abteilung zur Verfügung steht; – erstellt strategisch wichtige Richtlinien und Vorgehensweisen, implementiert diese und achtet auf ihre Einhaltung.
Kostenverantwortung	ist dafür verantwortlich, dass seine Arbeit und die in seinen Projekten mit einem Höchstmaß an Wirtschaftlichkeit erbracht werden.		
Unterstellung	ist i.d.R. der Geschäfts- bzw. Ressortleitung unterstellt und berichtspflichtig.	ist i.d.R. der Ressort- oder Bereichsleitung unterstellt und berichtspflichtig.	ist i.d.R. der Bereichs- oder Abteilungsleitung unterstellt und berichtspflichtig.

2. Kompetenz/ Vollmacht	Fachbereichsleiter	Fachleiter	Fachreferent
Planung	plant die Aktivitäten und Projekte im eigenen Zuständigkeitsbereich		
	stimmt die Planung i.d. R. mit der Geschäfts- bzw. Ressortleitung ab.	stimmt die Planung i.d. R. mit der Ressort- bzw. Bereichsleitung ab.	stimmt die Planung i.d. R. mit der Bereichs- bzw. Abteilungsleitung ab.
Entscheidungsvollmacht	erhält die Vollmacht, innerhalb seines Zuständigkeitsbereiches die Entscheidungen zu treffen, die für die Realisierung seines Auftrages im Rahmen der vereinbarten Ziele erforderlich sind. Entscheidungen, deren Wirkungen über die Grenzen der eigenen Organisationseinheit hinausgehen, werden mit der nächsthöheren Führungskraft bzw. mit der Geschäftsleitung abgestimmt.		

4.3 Die Entwicklung von High-Potentials

Potenzialentwicklung im Unternehmen bedeutet die systematische Begleitung und Unterstützung von Mitarbeitern mit hohem Potenzial bei der Weiterentwicklung ihrer Kompetenzen zur Übernahme anspruchsvollerer Aufgaben im Unternehmen. Dabei geht es um den Aufstieg auf der Führungs- bzw. Fachlaufbahn oder die Entwicklung on-the-job.

 Die Potenzialentwicklung sorgt dafür, dass die Mitarbeiter, wenn sie neue Positionen übernehmen, alle dafür erforderlichen Kompetenzen mitbringen. Zu den erwünschten Kompetenzen gehört natürlich auch ein hohes Maß an Selbstverantwortung und Eigeninitiative. Diese Eigenschaften werden im Entwicklungsprozess von den Mitarbeitern besonders gefordert.

Mit den Mitarbeitern werden Vereinbarungen getroffen, die dafür sorgen, dass sie selbst die Verantwortung für ihre eigene Entwicklung übernehmen. Professionelle Personalentwicklung begleitet diesen Prozess. Sie berät, unterstützt, bietet Instrumente und Verfahren. Sie ist dabei gleichermaßen Ansprechpartner für die Führungskräfte wie für die Mitarbeiter. Beide sind in diesem Prozess gleichberechtigte Kunden der Personalentwicklung.

Eigenverantwortung und -initiative

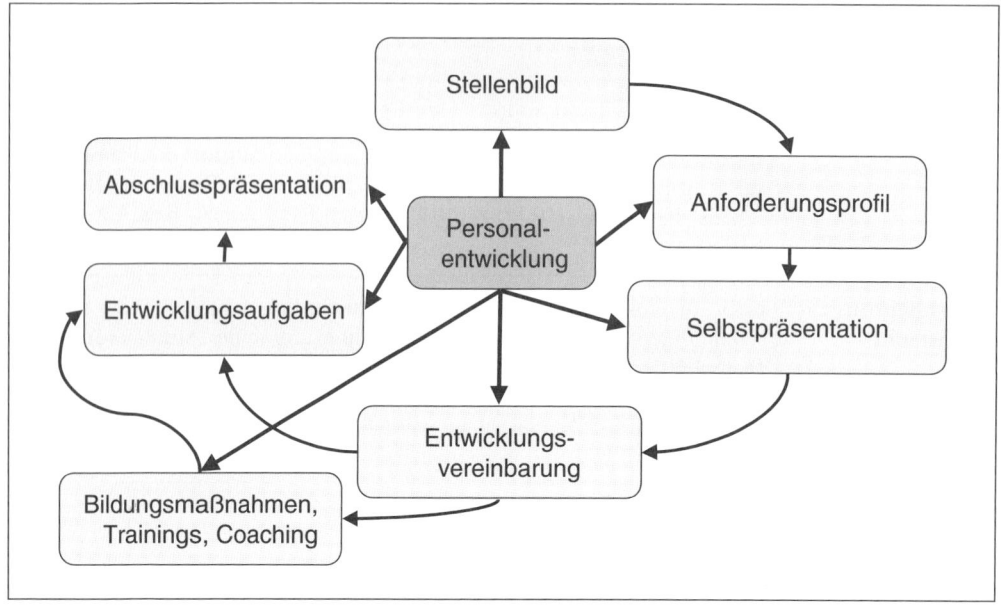

Abb. 14: Regelkreis der High-Potential-Entwicklung

Potenzialentwicklung ist zielgerichtet auf die Übernahme von Positionen. Die Mitarbeiter, die eine neue Position übernehmen sollen, müssen sich intensiv mit der neuen Ziel- bzw. Aufgabenstellung und v.a. mit den Anforderungen, die diese an sie stellen, auseinandersetzen. Die Ziel- bzw. Aufgabenstellung wird im Stellenbild (siehe 3.1) beschrieben.

 Beispiele für Stellenbilder finden Sie unter Stell_FK.doc sowie Stell_FL.doc

Die Anforderungen an den Mitarbeiter werden im Anforderungsprofil festgehalten (siehe 3.2). Das Anforderungsprofil ist das Pendant zum Kompetenzprofil des Mitarbeiters. Es gibt an, in welchem Ausmaß die einzelnen Kompetenzen für ein erfolgreiches Ausfüllen einer Stelle erforderlich sind. Beide Profile verwenden parallele Beurteilungsstufen (vgl. Abb. 11, S. 41).

 Beispiele für Anforderungsprofile finden Sie unter Anfor_FR.xls, Anfor_FL.xls und Anfor_FB.xls (Mindestanforderungen an

Fachleiter) sowie Anfor_GL.xls, Anfor_AL.xls, Anfor_BL.xls (Mindestanforderungen an stellvertretende Führungskräfte)

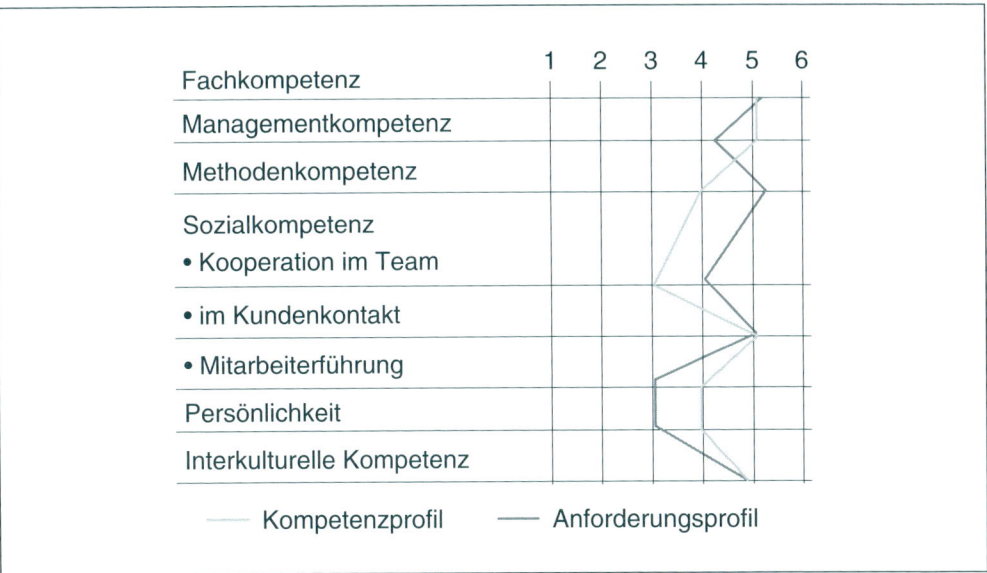

	1	2	3	4	5	6
Fachkompetenz						
Managementkompetenz						
Methodenkompetenz						
Sozialkompetenz						
• Kooperation im Team						
• im Kundenkontakt						
• Mitarbeiterführung						
Persönlichkeit						
Interkulturelle Kompetenz						

—— Kompetenzprofil —— Anforderungsprofil

Abb. 15: Kompetenzprofil

Der Prozess der Potenzialentwicklung wird eingeleitet, wenn entschieden ist, dass der betreffende Mitarbeiter die Position übernehmen soll. Dieser Entscheidung liegt eine Potenzialbeurteilung (siehe 3.3.2) zugrunde.

Entscheidung vor der Entwicklung

Wenn entschieden ist, dass ein Mitarbeiter sich für die Übernahme einer durch Stellenbild und Anforderungsprofil definierten Position entwickeln soll, übernimmt er ab dem Moment dieser Entscheidung die Verantwortung für den Entwicklungsprozess. Er setzt sich intensiv mit der Stelle und ihren Anforderungen sowie mit den eigenen Kompetenzen auseinander. Sein Ziel ist es, die eigenen Kompetenzen so auszubauen, dass er Führungskräfte und Unternehmensleitung von der eigenen Eignung für die Position überzeugen kann (Radke/Klutmann, 1997).

4.3.1 Entwicklungsvereinbarung

Die Entwicklung der Kompetenzen wird durch die Bearbeitung konkreter Aufgaben angeregt. Der Nachweis der erbrachten Ergebnisse belegt die erfolgreich entwickelten Kompetenzen. Im Mittelpunkt der Entwicklungsvereinbarung stehen aus diesem Grunde Entwicklungsaufgaben. Dabei handelt es sich um Arbeitsaufträge, die ein konkretes unternehmerisch sinnvolles Ziel verfolgen.

Konkrete unternehmerisch sinnvolle Aufgaben

 Es werden keine künstlichen „Spiel"-Situationen geschaffen. Das Signal an die Mitarbeiter besagt: Konkrete sinnvolle Leistung am Arbeitsplatz ist der entscheidende Faktor, der über das berufliche Weiterkommen entscheidet. Außerdem werden dadurch die Eigeninitiative und Selbstverantwortung betont.

Entwicklungsvereinbarungen werden zwischen dem Mitarbeiter, der eine Position übernehmen soll, und der Führungskraft, in deren Verantwortungsbereich die betreffende Position liegt, getroffen. Sie bezieht sich auf die Leistungsfelder, in denen die Kompetenzen des Mitarbeiters unter den Anforderungen der Stelle liegen.

Die Entwicklungsvereinbarung besagt, welche Kompetenzen entwickelt werden sollen und welche Entwicklungsaufgaben in welcher Zeit mit welchem Ergebnis zu erledigen sind, um die Kompetenzen zu belegen. Darüber hinaus können konkrete Unterstützungsmaßnahmen – z.B. im Form von Schulung, Training, Coaching – vereinbart werden, die den Mitarbeiter bei der Bewältigung der Aufgaben unterstützen.

Unterstützung zur Erfüllung der Aufgaben

Eine Entwicklungsvereinbarung sollte folgende Fragen klären:

• Welche Kompetenzen werden entwickelt?
• Welche Entwicklungsaufgaben werden bearbeitet?
• Welche konkreten Ergebnisse werden verabredet?
• Wann werden die Ergebnisse überprüft?
• Welche Unterstützung wird bereitgestellt?

Der Mitarbeiter bereitet die Entwicklungsvereinbarung vor, indem er eine Selbstpräsentation durchführt.

4.3.2 Selbstpräsentation

Bei einer Selbstpräsentation beweist ein Mitarbeiter im Rahmen seiner Potenzialentwicklung, dass er bereit und in der Lage ist, die eigene Entwicklung in die Hand zu nehmen. Er zeigt, dass er ein realistisches Bild der eigenen Stärken und Schwächen hat und demonstriert dies, indem er einen praktikablen Vorschlag für die Entwicklung der Kompetenzen vorlegt, die bei ihm schwächer ausgeprägt sind, als es das Anforderungsprofil verlangt.

Der Mitarbeiter präsentiert sich der Führungskraft, in deren Zuständigkeit die Position liegt, deren Erreichen das Ziel seiner Potenzialentwicklung ist. Als weitere Beurteiler können Mitarbeiter des Personalwesens herangezogen werden.

 Die Selbstpräsentation ist für den Mitarbeiter dann erfolgreich, wenn er die Führungskraft von seiner Einschätzung überzeugt und es zu einer entsprechenden Entwicklungsvereinbarung kommt.

Zunächst präsentiert er ein Bild seiner Qualifikation, indem er zu allen Kompetenzen eine Einschätzung seiner Ausprägung abgibt und belegt. Zum Beleg zieht er die konkreten Leistungen und Ergebnisse heran, die er bisher erbracht hat und die die jeweilige Kompetenz voraussetzen.

Selbsteinschätzung präsentieren

 Die Checkliste finden Sie unter Komp_Ein.doc

Die Beurteiler überprüfen durch Nachfragen und Hinterfragen die Einschätzungen und Belege. Sofern die Präsentation schlüssig und nachvollziehbar ist, werden die Einschätzungen übernommen. Kann sie nicht überzeugen, wird sie im Dialog solange korrigiert, bis ein Konsens vorliegt.

Der zweite Teil der Präsentation besteht aus einem Vorschlag wie die bestehenden Defizite der Qualifikation beseitigt werden können. Hier geht es primär darum Entwicklungsaufgaben zu übernehmen, die die Gelegenheit bieten, Kompetenzen on-the-job zu erwerben und die entsprechenden Leistungen unter Beweis zu stellen.

Entwicklungsvereinbarung vorschlagen

 Die Checkliste finden Sie unter Entw_Ver.doc

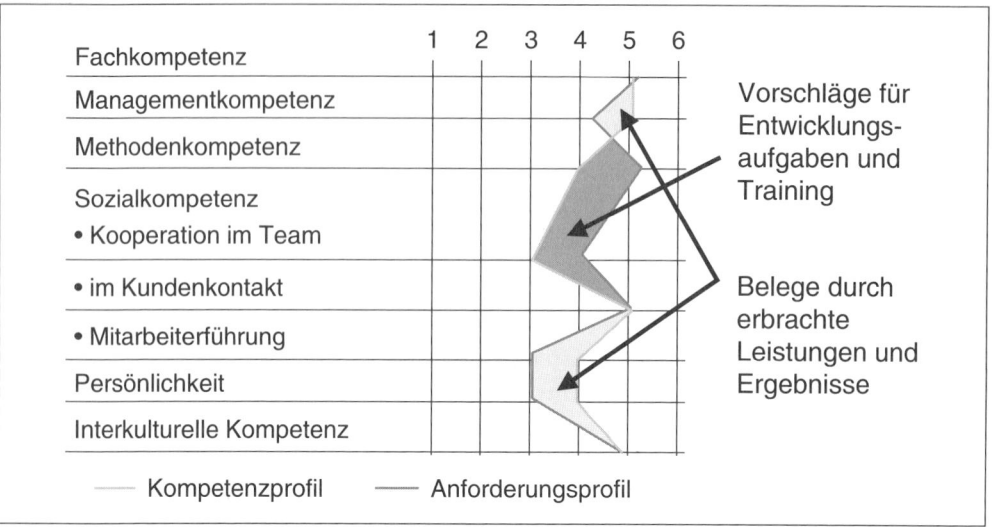

Abb. 16: Selbstpräsentation

Unterstützungsmaßnahmen in Form von Training, Seminaren, Coaching o.ä. stehen nicht im Vordergrund. Sie kommen dann zum Zuge, wenn der Erwerb der entsprechenden Kenntnisse und Fertigkeiten in der praktischen Aufgabe durch sie erleichtert wird. Sie ergänzen den Entwicklungsvorschlag, sind aber nicht dessen Hauptbestandteil.

Auch im zweiten Teil verschaffen sich die Beurteiler durch gezieltes Nachfragen einen Eindruck über die Plausibilität des Präsentierten. Falls die Vorschläge nicht vollständig überzeugen, werden sie im Dialog angepasst. Daraus entsteht die Entwicklungsvereinbarung.

Ergebnisse überprüfen

Nach der Bearbeitung der Entwicklungsaufgaben werden die Ergebnisse überprüft. Auch dies geschieht in Form einer Selbstpräsentation, der Abschlusspräsentation. In dieser hat der Mitarbeiter wiederum die gleichen Personen, mit denen er die Entwicklungsvereinbarung geschlossen hatte, davon zu überzeugen, dass er seine Aufträge erfolgreich bewältigt hat, was er anhand der Ergebnisse seiner Arbeit belegt. Mit der erfolgreichen Bewältigung der Aufgaben ist der Erwerb der angestrebten Kompetenzen nachgewiesen. Auch jetzt werden die Ausführungen durch gezieltes Hinterfragen auf Plausibilität überprüft. Wenn die Beurteiler mit den Ergebnissen übereinstimmen, kann die Übernahme der angestrebten Position erfolgen. Wenn die Leistungen im Rahmen der Entwicklungsaufgaben nicht die erwünschten Ergebnisse zeigen und somit der Erwerb der Kompetenzen fraglich ist, kann eine neue Entwicklungsvereinbarung getroffen werden.

4.3.3 Coaching, Mentoring und Training

Die Tatsache, dass den Mitarbeitern im Rahmen ihrer Potentialentwicklung eine große Eigenverantwortung überlassen wird, bedeutet nicht, dass sie mit der Aufgabe alleine gelassen werden. Hier ist es sinnvoll, von Seiten der Personalentwicklung ein Bündel von Dienstleistungen anzubieten, die Unterstützung geben und den Prozess der Entwicklung begleiten. Für viele Mitarbeiter stellt die intensive Auseinandersetzung mit sich selbst, den eigenen Stärken und Schwächen eine neue oder zumindest eine ungewohnte Herausforderung dar, der sie im ersten Moment etwas ratlos gegenüberstehen.

Eigenverantwortung heißt nicht allein gelassen werden

Sie mit dieser Aufgabe sich selbst zu überlassen, ist nicht sinnvoll. Die Personalentwicklung ist dafür zuständig, passende Angebote zu bieten. Die Mitarbeiter können darauf zurückgreifen. Ob sie das tun, liegt allerdings in ihrer Verantwortung.

Coaching

Coaching ist das Angebot an die Mitarbeiter, professionell von einem Mitarbeiter des Personalwesens oder einem externen Berater individuell bei seiner Entwicklung beraten zu werden. Im Rahmen des Coachings können persönliche Probleme des Mitarbeiters angesprochen und bearbeitet werden, die sich im Rahmen der Arbeit und in der Auseinandersetzung mit dem sozialen Umfeld ergeben. Im Coaching geht es vorrangig um die Entwicklung der sozialen und persönlichen Kompetenzen. Eine zentrale Voraussetzung für erfolgreiches Coaching ist die Vertraulichkeit, die zwischen dem Mitarbeiter und seinem Coach besteht. Sie bewirkt, dass wirklich alle Themen, die bearbeitet werden sollen auch ausgesprochen werden können, ohne dass der Mitarbeiter befürchten muss, dass jemand davon erfährt. Dies ist deshalb so wichtig, da es die Kultur in den meisten Unternehmen nicht zulässt, über sich zu den eigenen Schwächen zu bekennen.

Entwicklung der sozialen und persönlichen Kompetenzen

Im Rahmen der Potenzialentwicklung hat der Coach auch oft die Rolle, des persönlichen Begleiters der High-Potentials, der ihnen Feedback über das eigene Verhalten im Entwicklungsprozess gibt, der Hinweise für die Gestaltung der eigenen Entwicklung gibt oder durch gezieltes Fragen den betreuten Mitarbeiter zur eigenen Reflexion und Problemlösung anregt.

Coach braucht Qualifikation und Erfahrung

Bei der Auswahl eines Coaches ist darauf zu achten, dass er zum Einen durch eine spezielle Ausbildung und vor allem durch entsprechende Erfahrung mit Klienten im betrieblichen Kontext qualifiziert ist und zum Zweiten durch persönliche Reife in der Lage ist, die besondere Vertrauensstellung einzunehmen.

Mentoring

Dem Coaching ähnlich ist das Mentoring. Dabei wird einem Mitarbeiter, der seine Entwicklungsaufgaben bewältigen soll, eine besonders erfahrene Person aus dem Unternehmen als Mentor zur Seite gestellt. Der Mentor hat die Aufgabe, die eigenen Erfahrungen, die er bei der Bewältigung vergleichbarer Aufgaben gesammelt hat, dem sich entwickelnden Mitarbeiter zur Verfügung zu stellen. Das Erfahrungswissen des Mentors kann sich auf ganz unterschiedliche Kompetenzbereiche erstrecken. Wichtig sind vor allem seine methodischen und sozialen Fähigkeiten sowie insbesondere seine genaue Kenntnis der informellen Strukturen des Unternehmens, seiner Kultur und seiner Beziehungsnetzwerke. Vom Mentor erfährt ein Mitarbeiter, wie man sich im Unternehmen verhalten sollte, wenn man erfolgreich sein will, was man welchen anderen Personen gegenüber tun sollte und was man besser lassen sollte.

Der Mentor als Kenner des Unternehmens

Natürlich wird den Mitarbeitern im Rahmen ihrer Potenzialentwicklung auch Training in unterschiedlichster Form angeboten. Die Vorgehensweise entspricht dem oben beschriebenen Verfahren (siehe 3.5).

5. Führungskräfte und Unternehmensleitung als Kunde der Personalentwicklung

Über den Nutzen der Personalentwicklung für die einzelnen Mitarbeiter hinaus, gibt es Interessen, die besonders den Führungskräften und damit der Unternehmensleitung, wenn man diese als Einheit aus Führungskräften einer Unternehmung ansieht, am Herzen liegen. Über die Entwicklung und die Qualifizierung Einzelner hinaus steht hier eher die Formung und Entwicklung organisatorischer Einheiten und Teams im Vordergrund.

Entwicklung von Teams und Organisationen

 Ein Team oder eine organisatorische Einheit muss auch dann funktionieren, d.h. die gesetzten Ziele erreichen, wenn einzelne beteiligte Personen hinzukommen oder ausscheiden, wenn das Team wächst, schrumpft oder sich seine Zusammensetzung verändert, wenn Teams zusammenwachsen oder geteilt werden.

Ähnlich der Entwicklung einzelner Personen, sind Formung, Entwicklung und Qualifizierung von Teams und organisatorischen Einheiten Prozesse, die auch ohne das Zutun der Personalentwicklung ablaufen. Sie laufen allerdings, wenn man sie ihrem urwüchsigen Verlauf überlässt, nicht immer zügig und nicht immer mit dem gewünschten Erfolg ab. Die Rolle der Personalentwicklung ist auch hier die eines Prozessbegleiters und -gestalters, der dafür sorgt, dass die Prozesse schnell, wirtschaftlich und erfolgreich im Sinne der Zielerreichung ablaufen. Damit wird sie zu einem wichtigen Dienstleister für die Führungskräfte und die Unternehmensleitung.

Entwicklung begleiten und gestalten

Auch in diesem Feld kann man von einem Regelkreis ausgehen. Er beginnt mit der Definition eines Zielzustandes, der beschreibt, wie das Team bzw. die organisatorische Einheit aussehen muss, damit die übertragenen Aufgaben bewältigt werden können. Von diesem Modell ausgehend, kann man Teams zielgerichtet zusammenstellen oder bestehende Einheiten beurteilen und darauf aufbauend qualifizieren und entwickeln. Auch zur optimalen Gestal-

tung der Veränderungsprozesse, an denen die Teams oder das gesamte Unternehmen Anteil haben, kann die Personalentwicklung
einen wichtigen Beitrag leisten.

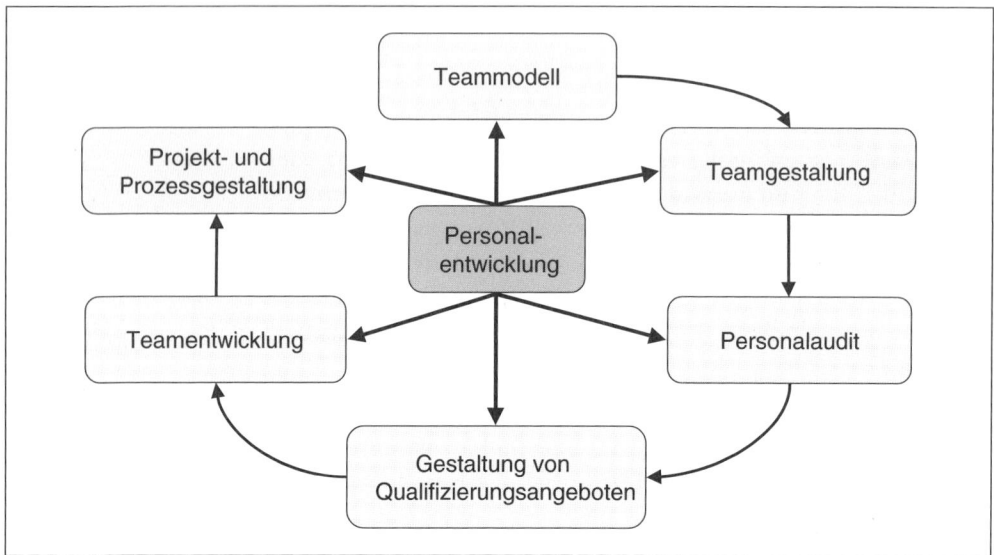

Abb. 17: Gestaltung von Einheiten und Teams

5.1   Teammodell

Wenn man das Unternehmen in einzelne organisatorische Einheiten herunter bricht, gelangt man am Ende der Pyramide zu
Teams, die wie ein kleines Unternehmen im Unternehmen Pro-
dukte und/oder Dienstleistungen für ihre internen oder externen
Kunden erstellen. Diese Einheiten sind in der Regel flexible Ge-
bilde, die sich mit ihrer Form, ihrer Größe und Personalbesetzung
Teams flexibel den   den Anforderungen des Unternehmens und ihrer internen und
Anforderungen   externen Kunden anpassen. Diese Anpassung sollte in regelmäßi-
anpassen   gen Abständen erfolgen und in den gesamten Planungsprozess des
Unternehmens eingebettet sein. Jede Einheit plant für die kom-
mende Planungsperiode ihre Aktivitäten, ihre Ressourcen (insbesondere die Kosten und Investitionen) und ihr Personal. Die Per-
sonalplanung erfolgt häufig noch rein quantitativ. Kopfzahlen und

Personalkosten zu planen, reicht allerdings nicht aus. Auf die Qua-
lität des Personals kommt es an. Die Qualifikation, die Selbstständigkeit und die Verantwortungsübernahme der Mitarbeiter ent- **Qualität und**
scheiden darüber, ob die strategischen Ziele erreicht werden und **Quantität planen**
wie effizient sie erreicht werden.

Die Planung des qualitativen Personalbedarfes kann im Rahmen
eines Workshops erfolgen. Mit Hilfe der Moderationsmethode
(Klebert et al., 1996) wird eine Reihe von Leitfragen beantwortet. Im Workshop ergibt sich aus der Beantwortung der Fragen das
Teammodell. Es gibt Auskunft darüber, welche Mitarbeiter mit
welchen Kompetenzen das Team benötigt.

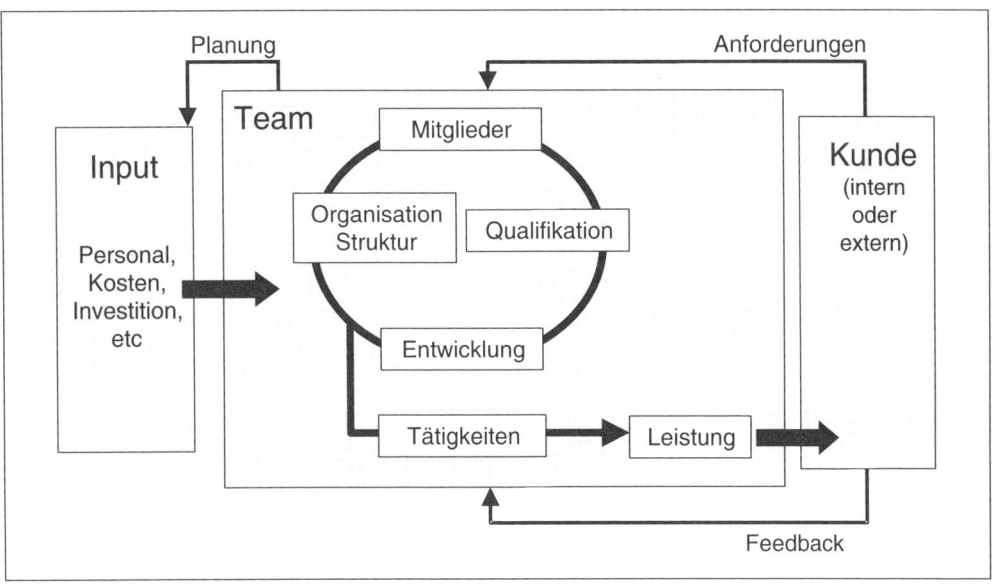

Abb. 18: Teammodell

 Die Erstellung des Modells beginnt bei den Kunden des
Teams. Sie entscheiden über den Erfolg des Teams. Erfolg **Kundenorientie-**
bedeutet nichts anderes, als dass die Leistungen des Teams **rung**
den Anforderungen seiner Kunden entsprechen.

Der erste Schritt bei der Erstellung des Modells ist die Beantwortung der Fragen: Was sind die Leistungen (Produkte und/oder

Dienstleitungen), die das Team für seine Kunden erstellt? Unmittelbar damit im Zusammenhang steht die Frage: In welcher Menge und welcher Qualität müssen diese erstellt werden? Die Antwort ergibt sich, wenn man die Anforderungen der Kunden erarbeitet. Damit sind die wesentlichen Ziele des Teams definiert. Diese sind natürlich im Rahmen der strategischen Planung so abzustimmen, dass sich über das gesamte Unternehmen eine konsistente Zielstruktur ergibt.

Was wollen die Kunden?

Teammodell-Workshop Teil 1		
Welches sind die Produkte/Dienstleistungen unseres Teams?	Welchen Kundenanforderungen müssen sie genügen?	In welcher Menge müssen wir sie bereit stellen?

Abb. 19: Teammodell-Workshop Teil 1

An die Beantwortung dieser Fragen schließt sich unmittelbar die
Frage nach den Voraussetzungen der Leistungserbringung an:

Teammodell-Workshop Teil 2

Welche Tätigkeiten sind erforderlich, um diese Leistungen zu erbringen?	Welche Hilfsmittel, Techniken und Methoden benötigen wir?	Wie müssen wir unsere Organisation dazu strukturieren?	**Was muss das Team leisten?**

Abb. 20: Teammodell-Workshop Teil 2

Teammodell-Workshop Teil 3

Welche Qualifikationsanforderungen ergeben sich daraus für uns?	Auf welche bestehenden Qualifikationen können wir zurückgreifen?	Welche neuen Qualifikationen müssen wir erwerben?	**Welche Qualifikation braucht das Team?**

Abb. 21: Teammodell-Workshop Teil 3

Wie organisiert sich das Team?

Wenn klar ist, welche Tätigkeiten mit welchen Instrumenten in welchen organisatorischen Zusammenhängen auszuführen sind, lässt sich daraus ableiten, welche Organisation mit wieviel und v.a. welchen Stellen – ein Stellenbild definiert jeweils Ziele und Aufgabenspektrum – erforderlich ist, um die Kundenanforderungen zu erfüllen.

Aus den letzten Fragen ergibt sich ein Überblick über die Qualifikationsanforderungen an die Mitglieder eines Teams, der die Basis für die Planung von Qualifizierungsmaßnahmen liefert.

In der Summe ergibt sich eine quantitative und qualitative Personalstruktur, die beispielhaft so aussehen könnte wie in Abbildung 22 dargestellt.

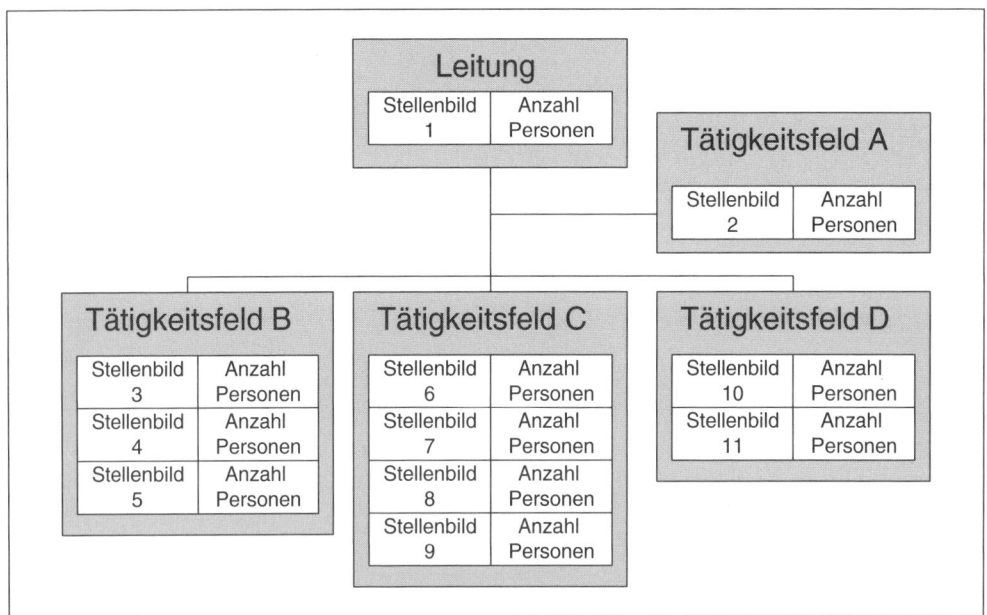

Abb. 22: Personalstruktur des Teams

5.2 Teamgestaltung

Mit dem Teammodell ist festgelegt, welche Mitarbeiter mit welcher Kompetenz gebraucht werden. In der Praxis erweist sich allerdings immer wieder, dass auch eine Gruppe von optimal qualifizierten Mitgliedern nicht notwendigerweise ein erfolgreich zusammenarbeitendes Team ergibt.

 Ein Team ist mehr als die einfache Summe seiner Teile. Das Zusammenspiel der einzelnen Akteure ist komplexer, erfordert einen mehr oder weniger aufwendigen gegenseitigen Anpassungsprozess der Akteure aneinander.

5.2.1 Was ein Team auszeichnet

Die herausragende Rolle, die in den letzten Jahren der Teamarbeit zugesprochen wird, beruht darauf, dass im Team Leistungen möglich werden, die auch von einer größeren Anzahl einzelner Mitarbeiter nicht erbracht werden können. Dies ist im Wesentlichen auf Synergieeffekte zurückzuführen, die im Team entstehen. Voraussetzung dafür sind folgende Faktoren:

Das Team ist mehr als die Summe der Mitglieder

- **Gemeinsames Ziel**: Eine Gruppe von Menschen ist nur dann ein Team, wenn sie ein gemeinsames Ziel verfolgen. Ein Team braucht ähnlich wie ein Unternehmen eine gemeinsame Mission, einen Auftrag, der im Unternehmen zu erfüllen ist, und eine Vision von der gemeinsamen Zukunft und den eigenen Erfolgen. Diese Vision muss zu der Vision des Gesamtunternehmens und seinen Strategien passen. Die gemeinsame Zielsetzung verleiht dem Team Zusammenhalt und hilft auftretende Konflikte zu lösen.

Ziel verleiht Zusammenarbeit

- **Rollenübernahme und Aufgabenverteilung:** Ein funktionierendes Team lebt zu einem guten Teil davon, dass eine Reihe von Rollen mit den geeigneten Mitgliedern besetzt sind und optimal ausgefüllt werden. In jedem Team bilden sich im Verlauf einer längeren Entwicklung die Rollen heraus, die gebraucht werden. Für diese Rollen werden unterschiedliche Charaktere benötigt.

  Es gibt Mitarbeiter, deren Schwerpunkt in der Übernahme kreativer Aufgaben liegt. Sie sorgen dafür, dass ständig neue Ideen entstehen und neue Lösungen gesucht werden. Eine

Unterschiedliche Aufgaben für verschiedene Charaktere

zweite Gruppe achtet gerne darauf, dass in den Aktivitäten der Gruppe Kontinuität erhalten bleibt. Sie bewahren gerne das Erreichte. Andere kümmern sich mehr um den inneren Zusammenhalt des Teams auf der Beziehungsebene. Wieder andere haben einen Schwerpunkt in der präzisen und ausdauernden Umsetzung der zu lösenden Aufgaben. Manche sind eher Generalisten, während andere sich lieber auf einem Feld spezialisieren. Einige lieben es den Ton anzugeben und die übrigen zu koordinieren, während andere darauf keine Energie verwenden wollen. Manche entwerfen lieber große visionäre Pläne, wo andere sich lieber um die feinsten Details der Umsetzbarkeit kümmern.

Es gibt wahrscheinlich keinen Menschen, der all diese Rollen erfolgreich ausfüllen kann. Jeder verfügt nur über eine von Natur aus begrenzte Möglichkeit zur Rollenübernahme. Also sollte jeder die Rollen übernehmen, die seiner Persönlichkeit und Kompetenz entsprechen.

- **Teamergänzung:** Ein wesentlicher Aspekt von Teamfähigkeit ist die Erkenntnis, dass nicht alle Menschen gleich sind und es auch nicht sein sollten. Viele Menschen haben Probleme mit Menschen, die dort Stärken haben, wo sie bei sich selbst Schwächen spüren oder umgekehrt mit solchen, die das nicht beherrschen, was sie selbst besonders gut können – und daher besonders wichtig finden. Nur wer die Andersartigkeit der Kollegen akzeptiert und begrüßt, kann sich auch innerhalb einer differenzierten Rollenverteilung mit ihnen ergänzen.

Ergänzung durch Vielfalt

Im Team kommen unterschiedliche Charaktere mit unterschiedlichen Kompetenzen zusammen und können sich ergänzen. Die individuellen Stärken der Mitglieder kommen voll zur Geltung und helfen die Defizite der übrigen zu kompensieren, während die eigenen Schwächen durch die Stärken der Partner wett gemacht werden. Voraussetzung dafür ist, dass man nicht versucht, Teams aus möglichst ähnlichen Mitarbeitern nach dem Motto „Gleich und Gleich gesellt sich gern" zusammenzustellen. Teamergänzung ergibt sich erst, wenn man unterschiedliche Talente und Charaktere mischt.

- **Entwicklung:** Teams durchlaufen in der Regel einen kontinuierlichen Entwicklungsprozess, der immer wieder auch krisenhafte Phasen und Konflikte mit sich bringt. Diese treten zum Beispiel auf, wenn aufgrund von äußeren Veränderungen die vertrauten Lösungen und Wege nicht mehr funktionieren und neue Herangehensweisen gefunden werden müssen. Diese Stationen im Leben von Teams sind von zentraler Bedeutung für ihre Entwicklung. Entweder das Team bewältigt die Situation, findet neue Wege, wird reifer und kompetenter für die Bewältigung zukünftiger Aufgaben oder die Lösung gelingt nicht und das Team stagniert.

Reifung durch Bewältigung von Krisen

5.2.2 Teamdesign

Teamdesign bemüht sich darum, Teams optimal zusammenzustellen. Das passiert in zweierlei Hinsicht: Zum einen müssen im Team natürlich alle fachlichen, methodischen und sozialen Kompetenzen vorhanden sein, die zur Bearbeitung der Aufgaben notwendig sind. Das heißt für die Zusammenstellung eines Teams braucht man Personen, die die durch die Stellenbilder beschriebenen Positionen übernehmen können.

 Schon an dieser Stelle wird deutlich, dass nicht alle Mitglieder alle Kompetenzen in gleichem Ausmaß besitzen müssen. Es kommt auf die gegenseitige Ergänzung im Team an.

Das gilt natürlich in besonderem Maße für den zweiten Teil der Zusammenstellung, wenn es darum geht, unterschiedliche Charaktere so zu kombinieren, dass alle wichtigen Rollen im Team optimal besetzt werden können. Ein gut funktionierendes Team braucht mindestens folgende „Typen":

Die Mischung macht's

- **Kreative/Innovative**, die ständig neue Ideen und Lösungen suchen, ausgetretene Wege verlassen und neue gehen. Sie sind in der Regel risikofreudiger als andere.
  Personen mit dieser Kompetenz haben tendenziell eine Schwäche beim ausdauernden, genauen und präzisen Umsetzen der einmal gemachten Pläne.
- **Rationale/Analytische,** die in der Lage sind, Sachverhalte mit hoher Genauigkeit zu analysieren und Beziehungen zu durchschauen. Sie haben eine Stärke im präzisen Planen, Organisieren und Entscheiden.
  Auch diese Stärke bringt häufig eine Schwäche mit sich: Die Kehrseite von Genauigkeit und Präzision ist oft eine übertrie-

bene Detailverliebtheit. Wenn sich das kritische Reflektieren auf neue Ideen und Visionen bezieht, kann das in einer hinderlichen Bedenkenträgermentalität münden. Die mit der ausgeprägten Rationalität verbundene Nüchternheit fördert nicht unbedingt das Klima im Team.

Jeder hat Stärken und Schwächen

- **Genaue/Ordentliche** können die anstehenden Aufgaben mit großer Ausdauer und Sorgfalt ausführen. Sie sind präzise in der Einhaltung von Regeln und Vereinbarungen. Sie sind die Träger der operativen Aufgabenbewältigung und damit letztlich die zentralen Leistungsträger des Teams.
  Probleme haben sie teilweise mit allem, was neu ist. Ihre Veränderungsbereitschaft ist eher gering. Die Anpassung an den organisatorischen Wandel erfordert also Überzeugungsarbeit von anderen Teammitgliedern.

- **Gefühls- und Beziehungsorientierte** geben dem Team Energie und sind in der Lage zu begeistern und zu motivieren. Sie sorgen für ein gutes Gruppenklima. Sie verfügen in besonderem Maße über die soziale Kompetenz, die auch für die Vertretung des Teams nach außen notwendig ist.
  Diese Personen sorgen zwar nach innen und außen für ein gutes Klima, erbringen aber wahrscheinlich den kleinsten Beitrag zur eigentlichen Leistung des Teams, also zur Erstellung der Produkte und Dienstleistungen für die Kunden.

Unterschiede wert schätzen!

Ein Team, das alle erforderlichen Kompetenzen mit sich bringt und alle wichtigen Charaktere in sich vereint, hat alle Voraussetzungen für eine positive Entwicklung – vorausgesetzt die Mitglieder sind sich der Vorteile ihrer Unterschiedlichkeit bewusst.

5.3   Personalaudit

Die Personalstruktur mit den Stellenbildern gibt die Soll-Werte der Qualifikation der Mitarbeiter vor. Sobald man ein Team zusammengestellt hat, stellt sich über kurz oder lang die Frage: entspricht das Team tatsächlich den Anforderungen und Erwartungen?

 Eine zielgerichtete Personalarbeit benötigt Informationen über die Ist-Situation des Teams und der einzelnen Mitarbeiter.

Die Ist-Situation sollte in regelmäßigen Abständen (z.B. einmal jährlich) im Rahmen eines Personalaudits erhoben werden. Die Führungskräfte beleuchten dabei – unter Mitwirkung und Beratung durch die Personalentwicklung – jeden einzelnen Mitarbeiter. Die Grundlage liefert eine Kompetenz- und Potentialeinschätzung. Die Mitarbeiter werden aufgrund der Einschätzung den vier Feldern der in Abbildung 23 dargestellten Matrix zugeordnet.

Sich einen Überblick verschaffen

Erfüllt die Anforderungen der Stelle vollständig.	3	4
Erfüllt die Anforderungen der Stelle nicht vollständig.	1	2
	Hat wenig Potential, um weitere Kompetenzen zu erwerben.	Hat viel Potential, um weitere Kompetenzen zu erwerben.

Abb. 23: Personalmatrix

 Die Matrix finden Sie unter Pers_Mat.doc

Aus der Zuordnung lässt sich für die weitere Entwicklung und Führung der Mitarbeiter folgendes ableiten:

- Für Mitarbeiter in *Feld 1*, deren Kompetenzen den jetzigen und zukünftigen Anforderungen der Stelle nicht gerecht werden und die sich wahrscheinlich schwer tun, zusätzliche Kompetenzen zu erwerben, muss ein anderes Einsatzfeld gefunden werden. Ein Verbleiben in einer Aufgabe, die zu einer dauerhaften Überforderung führt, ist nicht nur wirtschaftlich bedenklich, sondern auch dem Mitarbeiter gegenüber unverantwortlich.

Überforderung vermeiden

- Dass Mitarbeiter sich im *Feld 2* befinden, ist der wahrscheinlich häufigste Fall. Er beruht darauf, dass jeder im Rahmen des „lebenslangen Lernens" seine Kompetenzen kontinuierlich erweitern muss. Wie dies geschieht, zeigen die folgenden Kapitel.

- Bei Mitarbeitern, die den Status im *Feld 3* erreicht haben, muss gemeinsam darauf geachtet werden, dass das Aufgabengebiet auf gleichem Niveau angereichert wird, bevor Routine zu Langeweile wird und in „Dienst nach Vorschrift" umschlägt.

**Entfaltungsmög-
lichkeiten schaffen**

Diese Mitarbeiter brauchen neue Anreize, deren Bewältigung ihnen Erfolgserlebnisse verschafft.

- Bei Mitarbeitern in *Feld 4* besteht die Gefahr der Unterforderung. Hier geht es vorrangig darum, Entwicklungs- und Karriereperspektiven aufzuzeigen.

Egal in welchem Feld sich die Mitarbeiter wiederfinden – immer ergibt sich daraus ein Qualifizierungsbedarf. Für jeden lässt sich ableiten, welche Kompetenzen entwickelt oder ausgebaut werden müssen.

5.4   Qualifizierungsangebot

Für ein Unternehmen ist es ab einer bestimmten Größe sinnvoll, das Angebot an Bildungsveranstaltungen zentral zu koordinieren, da sonst Synergieeffekte ungenutzt bleiben. Der Schritt zu einer zentralen Koordinierung ist dann sinnvoll, wenn sich herausstellt, dass eine Reihe von Mitarbeitern gleiche oder ähnliche Qualifizierungsbedarfe haben. Mit zunehmender Größe der Unternehmen wird es dann sinnvoll, eine Stelle oder eine organisatorische Einheit mit der Personalentwicklung zu betrauen.

**Synergieeffekte
nutzen**

Wie alle Aktivitäten im Unternehmen, werden auch die Bildungsaktivitäten geplant. Daher ist es notwendig, regelmäßig – in der Regel einmal jährlich – den Bedarf der einzelnen Mitarbeiter und Einheiten zu erheben. Dies geschieht in zeitlicher Nähe zur Personal- und Finanzplanung.

Der Bildungsbedarf wird von den einzelnen Einheiten des Unternehmens für ein Jahr im Voraus abgefragt. Damit die Führungskräfte den Bedarf ihrer Teams sinnvoll einschätzen können, ist es wichtig, dass sie die Entwicklungsgespräche mit ihren Mitarbeitern bis zur Bildungsbedarfserhebung abgeschlossen haben. Es hat sich bewährt, der eigentlichen Bildungsbedarfserhebung eine Ankündigung mit dem Angebot zur Durchführung von Personalaudits und der Aufforderung zum Führen der Mitarbeitergespräche vorauszuschicken.

Bildungsbedarf wird auf zwei verschiedene Arten geplant: Die Bildungsmaßnahmen, die inhaltlich bekannt sind, werden als Aktivitäten geplant, für die auch die erforderlichen Ressourcen – insbesondere ein Budget – bereitgestellt werden. Für die Bildungsbedarfe, die sich in der Regel kurzfristig ergeben und daher nicht für längere Zeiträume im voraus planbar sind, wird lediglich ein Budget geplant, auf das zurückgegriffen werden kann, sobald sich der Bedarf konkretisiert.

Bildungsplanung

5.4.1 Interne Weiterbildung

Die Interne Weiterbildung umfasst alle Bildungsaktivitäten, die innerhalb des Unternehmen geplant, organisiert und mit firmeninternen Teilnehmern durchgeführt werden.

 Die Durchführung interner Schulungen, Trainings und Workshops ist dann sinnvoll, wenn sich innerhalb des Unternehmens ausreichend große Gruppen von Mitarbeitern mit Bedarf nach den jeweiligen Weiterbildungsthemen ergeben.

Haben nur einzelne Mitarbeiter Bedarf nach einem Thema, ist in der Regel eine externe Maßnahme inhaltlich sinnvoller, schneller und wirtschaftlicher zu organisieren.

Es gibt in jedem Unternehmen eine Reihe von Qualifizierungsthemen, die absehbar für eine größere Anzahl von Mitarbeitern notwendig sind. Häufige Beispiele sind Trainings für die Anwender von Standard-PC-Software, allgemeine Sprachtrainings oder Gesprächsführungs-Seminare. Für diese Themen ist es sinnvoll, ein Bildungsprogramm zusammenzustellen und den Einheiten des Unternehmens zur Verfügung zu stellen. Andere Themen werden seltener gebraucht oder entspringen einem spezifischen Bedarf einzelner Teams. Beispiele könnten sein: Schulungen in nur von Spezialisten genutzten Programmiersprachen, spezielle

Ein Angebot für Alle

Sprachtrainings für Schulungsreferenten oder spezifische Verhand-
lungstrainings für Einkäufer.

Bildungsprogramm

Aus den Schulungsthemen, für die eine breitere Nachfrage erwartet werden kann, wird ein Programm zusammengestellt und
den Mitarbeitern und Führungskräften zur Verfügung gestellt:

1. Veröffentlichung des Seminarangebotes und Aufforderung zur
   Bedarfsmeldung.
2. Anmeldung der Teilnehmer (schriftlich, telefonisch oder on-
   line).
3. Zusammenstellung von Teilnehmergruppen.
4. Vereinbarung mit Trainern und Referenten.
5. Festlegung von Trainingsorten und Terminen.
6. Einladung der Teilnehmer zu den Veranstaltungen.

Woher weiß man, was gebraucht wird?

Für die Zusammenstellung des Bildungsangebotes nutzt man v.a.
zwei Informationsquellen: Aus den Erfahrungen der vorangegangenen Auslastung der Veranstaltungen und der Nachfrage nach
den Maßnahmen des letzten Programmes lassen sich Schlüsse über
noch bestehenden Bedarf ziehen. Im regelmäßigen Kontakt mit
Mitarbeitern und Führungskräften erhält man zum Zweiten eine
Reihe von Informationen über die Entwicklung der Aufgaben,
aus denen man Schlüsse auf den kommenden Bedarf ziehen kann.

Bei der Zusammenstellung der Themen sollte darauf geachtet
werden, dass alle für das Unternehmen relevanten Kompetenzfel-
der abgedeckt werden, z.B.:

- Technik,
- EDV,
- Betriebswirtschaft,
- Recht,
- Führung,
- Kommunikation,
- Verkauf,
- Arbeitsmethoden,
- Persönlichkeitsentwicklung,
- Gesundheit,
- Umweltschutz und Arbeitssicherheit,
- Sprachen,

- Produktschulungen,
- sonstige Themen.

Die Veröffentlichung kann in Papierform oder elektronisch via Intranet erfolgen. Wichtig ist, dass die Leser aus den Beschreibungen der einzelnen Maßnahmen ersehen können, ob die Teilnahme für sie sinnvoll ist. Folgende Informationen sollte eine Seminarbeschreibung beinhalten:

Wie Mitarbeiter sehen können, was für sie richtig ist

- Name der Maßnahme,
- Zielgruppe und Teilnahmevoraussetzungen,
- Ziele,
- Inhalte,
- Dauer,
- Trainer bzw. Referent,
- Ort der Veranstaltung,
- Preis.

Die Beschreibung dient dem Zweck, für den Leser Klarheit darüber zu schaffen, ob die Teilnahme an einer Maßnahme der Realisierung der eigenen Qualifizierungsziele dienen kann oder nicht. Bei der Zielgruppenbeschreibung ist also genau festzulegen, für welche Mitarbeiter diese Maßnahme konzipiert ist, welche Vorkenntnisse erforderlich sind und welche sonstigen Voraussetzungen für eine erfolgreiche Teilnahme bestehen. So ist beispielsweise eine Veranstaltung „Führung von Projektgruppen", die als Vertiefungsseminar zum Projektmanagement gedacht ist, nur sinnvoll für Personen, die die Grundlagen des Projektmanagements schon beherrschen und ein eigenes Projekt leiten, da sonst keine zeitnahe Transfermöglichkeit besteht.

Die Formulierung des Zieles soll möglichst konkret sein und vom Teilnehmer ausgehen. Beispiel: „SOS the telephone rings: Die Teilnehmer sind nach dem Seminar in der Lage, ausländische Anrufer freundlich anzunehmen und an die richtige Stelle im Unternehmen zu verbinden."

Was zu einer Seminarbeschreibung gehört

Inhalte und Trainer geben einen Überblick über das Programm und die Art der Maßnahme. Dauer, Ort und Preis sind wichtig für die Kapazitäts- und Ressourcenplanung der Teilnehmer.

Im Rahmen der Bedarfserhebung melden sich die Mitarbeiter – nach Absprache und Zielvereinbarung mit ihrer Führungskraft –

Erst Bedarf klären, dann organisieren

an. Nachdem die Anmeldungen gesammelt und verdichtet sind, wird festgelegt, wie oft die einzelnen Maßnahmen in welcher Reihenfolge durchgeführt werden. Teilnehmergruppen werden zusammenstellt. Wenn alle räumlichen und technischen Voraussetzungen organisiert und Vereinbarungen mit den entsprechenden Referenten getroffen sind, kann die Einladung der Teilnehmer erfolgen.

Teilnehmern, die Bedarf nach einer Maßnahme, die aufgrund geringer Nachfrage nicht stattfindet, angemeldet haben, werden – sofern eine Teilnahme dringlich ist – externe Alternativen angeboten.

Individuelle Maßnahmen

Die Seminare und Trainings des Bildungsprogrammes verhelfen zu einer Basisqualifizierung. Darauf aufbauend ergibt sich weiterer Kompetenzbedarf. Dabei handelt es sich allerdings dann nicht mehr um Standard-Themen, sondern um spezifischere individuellere Bedarfe, die speziell zugeschnittene Qualifizierungsmaßnahmen notwendig machen.

Wenn's was Besonderes sein soll

Ein weiterer Grund für die Veranstaltung solcher Qualifizierungsbausteine ist die Effizienzsteigerung, die sich erreichen lässt, wenn Trainings ganz eng an die Arbeitsrealität der Teilnehmer angepasst werden. Da man es im Rahmen eines Standardprogramms in der Regel mit heterogenen Teilnehmergruppen zu tun hat, ist diese enge Anpassung kaum möglich.

→ Wenn es gelingt, eine Gruppe so zusammenzustellen, dass die Teilnehmer ähnliche Aufgabenstellungen bearbeiten, lassen sich Trainings individuell auf die einheitlichen Anforderungen zuschneiden.

So muss beispielsweise ein allgemeines Training zur Gesprächsführung im Rahmen eines Standardprogramms Teilnehmern mit ganz unterschiedlichem Lernbedarf gerecht werden: Der eine will die Gespräche mit seinen Mitarbeitern verbessern, der andere will Kunden besser beraten, ein Dritter will sich bei der Verhandlung mit Lieferanten besser durchsetzen können und ein Vierter strebt eine bessere Kommunikation mit seinen Kollegen im Projektteam an. Wenn der Referent es schafft, für alle diese Anforderungen etwas zu bieten, werden auf der anderen Seite die meisten

Teilnehmer auch viel Zeit mit Themen und Inhalten verbringen, nach denen sie keinen Bedarf haben.

Anders ist es, wenn die Arbeitssituation der Teilnehmer ähnlich ist. Dann kann das Training für alle Teilnehmer ein Höchstmaß an Nutzen bieten, weil nur das geschieht, was alle gemeinsam brauchen. Ein Gesprächsführungsseminar für Bankangestellte, die in der persönlichen Beratung gehobener Privatkunden arbeiten, kann sich genau auf die kritischen Gesprächssituationen konzentrieren, die sich im Umgang mit ihren speziellen Kunden häufig ergeben. Eine Excel-Schulung für Controlling-Mitarbeiter kann sich auf die Funktionen konzentrieren, die Controller üblicherweise nutzen.

Je spezifischer, desto besser

Der Aufwand, der für die Organisation von individuell zugeschnittenen Maßnahmen erforderlich ist, geht natürlich über den für Standardmaßnahmen hinaus. Der Mehraufwand wird allerdings durch einen wesentlich größeren Wirkungsgrad mehr als wett gemacht.

Zunächst ist es wichtig, sich über die genaue Ausgangssituation und die Zielsetzung der Teilnehmer Klarheit zu verschaffen. Zu diesem Zweck wird eine differenzierte Auftragsklärung durchgeführt. Anhand gezielter Fragen lassen sich die wesentlichen Punkte für die Konzeption der individuellen Maßnahme rekonstruieren. Diese Auftragsklärung dient zur Vorbereitung von Gesprächen mit den in Frage kommenden Referenten. Aufgrund der gesammelten Informationen kann sich der Trainer ein vollständiges Bild machen, auf dem er eine sinnvolle Konzeption aufbaut:

Auftragsklärung

- **Ausgangssituation:** Wie sieht die Situation aus, die das Training erforderlich macht? Was genau ist das Problem, das behoben werden soll?
- **Zieldefinition:** Welcher Zustand soll nach dem Training erreicht werden? Welche Veränderungen sollen eintreten, was soll so bleiben, wie es ist?
- **Zielgruppe, beteiligte Personen:** Wer wird an der Maßnahme teilnehmen? Wer muss sonst in die Durchführung eingebunden werden?
- **Terminierung:** Bis wann sollen die Ziele erreicht werden? Wann soll/kann die Maßnahme durchgeführt werden?

- **Investition:** Wie viel Zeit steht für die Maßnahme zur Verfügung? Was darf die Maßnahme kosten?
- **Zielüberprüfung:** Woran wird man erkennen, dass die Ziele erreicht sind? Wann findet eine Überprüfung der Erfolge statt?

 Die Checkliste finden Sie unter Auf_Trai.doc

Trainerbriefing

Sofern ein Trainer zur Verfügung steht, dessen Eignung für die Durchführung der Maßnahme bekannt ist, kann er aufgrund dieser Information mit der Konzeption und Durchführung betraut werden. Wenn das nicht der Fall ist, besteht die Möglichkeit, mehreren Trainern den Auftrag zu erteilen, ein passendes Trainings-Konzept zu erstellen und sich dann für dasjenige zu entscheiden, das am geeignetsten erscheint.

5.4.2 Externe Weiterbildung

Externe Weiterbildung, also die Teilnahme an Veranstaltungen, die nicht vom eigenen Unternehmen organisiert werden und nicht ausschließlich für Teilnehmer aus dem eigenen Unternehmen veranstaltet werden, ist dann sinnvoll, wenn Bildungsbedarfe nicht sinnvoll und wirtschaftlich durch das eigene Unternehmen abgedeckt werden können. Dies ist dann der Fall, wenn nur wenige Mitarbeiter Bedarf nach einer Thematik haben und eine unternehmensinterne Veranstaltung unwirtschaftlich ist. Durch externe Maßnahmen holt sich ein Unternehmen häufig auch gezielt Informationen über aktuelle Trends und neue technologische Entwicklungen.

Spezielle Maßnahmen für einzelne Mitarbeiter

Die Konkretisierung des Bedarfs nach externer Weiterbildung erfolgt meist relativ kurzfristig. Daher wird sie im Rahmen der Bildungsbedarfserhebung nur in Form eines Budgets geplant, das bereitgestellt wird. Zur Steuerung der externen Weiterbildung sind folgende Schritt nötig:

1. Aufforderung zur Planung (zusammen mit interner Weiterbildung).
2. Planung des Budgets.
3. Konkrete Bedarfsmeldung mit Zieldefinition.
4. Maßnahmenauswahl und Anmeldung.
5. Einladung der Teilnehmer zu den Veranstaltungen.

6. Seminarteilnahme und -beurteilung.
7. Auswertung der Beurteilung in Anbieterdatenbank.

Zur Beratung der Mitarbeiter ist es sinnvoll, eine Übersicht über die zahlreichen Anbieter für Seminare und Trainings in Form einer Datei oder Kartei zu pflegen. In diese Informationssammlung müssen Informationen über die Qualität der Bildungsanbieter, die aus der Auswertung der Seminarbeurteilungen gewonnen werden, integriert werden.

5.4.3 Training on-the-job

Eine ganze Reihe von Fertigkeiten – manche Experten behaupten, es seien die weitaus meisten – werden nicht im Rahmen formalisierter Weiterbildungsveranstaltungen erworben, sondern in der Praxis durch Versuch und Irrtum selbst erarbeitet, durch Nachahmung von Kollegen erlernt oder durch gezieltes Vormachen und Üben mit entsprechendem Feedback zur Verbesserung gelehrt.

Lernen in der täglichen Praxis

 Wenn auch nicht alle Kompetenzen in der eigentlichen Arbeit erworben werden können, so kann man doch davon ausgehen, dass die selbst erarbeiteten am sichersten beherrscht werden.

Schritte zum angeleiteten training-on-the-job:

1. Besprechung der Aufgabenstellung, der Ziele und der Handlungsschritte.
2. Vollständiges nachvollziehbares Vormachen.
3. Nachmachen.
4. Feedback und Aufzeigen von Optimierungsmöglichkeiten.
5. Wiederholung der Schritte **3** bis **4** bis zur sicheren Beherrschung.

Die Möglichkeiten eines derart systematischen Lernens vor Ort werden häufig zu wenig eingesetzt. Man vertraut auf die Leistungsfähigkeit einer professionellen Bildungsabteilung und verpasst dadurch effiziente Lernmöglichkeiten. Ein gemeinsam erarbeiteter Kompetenzaufbau trägt im Übrigen wesentlich zu einem positiven Teamklima und Zusammenhalt bei, indem ein Gefühl der gegenseitigen Abhängigkeit mit dem Erleben der eigenen Stärke und Problemlösungskompetenz gekoppelt wird.

Selbstlernen fordert Selbstbewußtsein

5.4.4 Multimedia in der Weiterbildung

Wissen und Fertigkeiten können nicht nur im persönlichen Austausch zwischen Personen vermittelt werden. Insbesondere wenn es sich im Weitesten um kognitive oder technische Inhalte handelt, lässt sich Know-how auch im Selbststudium erwerben. Jeder, der sich in seinem Fachgebiet auf dem Laufenden hält, weiß, welche Bedeutung das Lesen von Fachliteratur und Fachzeitschriften auch im Zeitalter von Multimedia immer noch hat – und in Zukunft sicher haben wird. Diese Art der Aneignung von Knowhow ist allerdings ein vergleichsweise trockenes Geschäft – was seine Attraktivität und damit seine Effizienz vermindert.

Interaktive Lernprogramme

Inzwischen gibt es eine ganze Fülle von Angeboten an Lernprogrammen, die es den Benutzern leicht und angenehm machen, sich die verschiedensten Inhalte anzueignen. Vor allem interaktive Lernsoftware vermittelt nicht nur theoretische Inhalte, sondern gibt den Lernenden die Möglichkeit, das Gelernte gleich anzuwenden, verbunden mit einer Rückmeldung über die Erfolge und Fortschritte.

Bei der Entscheidung über den Einsatz spielen die üblichen zwei Kriterien eine Rolle: Effektivität und Effizienz.

Für die Hersteller von Lernmedien ist die Entwicklung nur dann interessant, wenn sie sich mit Gewinn vermarkten lassen. Das ist bei einer vernünftigen Qualität wegen der hohen Entwicklungskosten entweder der Fall, wenn die Programme in großer Auflage vertrieben werden können oder wenn sie zu einem sehr hohen Preis verkauft werden. In hoher Auflage lassen sich nur häufig **Standardprogramme sind preiswert** nachgefragte Standardthemen vermarkten. Hier stellt sich für das Unternehmen die Frage nach der Effektivität. Solange der Qualifizierungsbedarf sich im Bereich von Standardfragestellungen bewegt, gibt es eine Anwendungsmöglichkeit für derartige Lernmedien (z.B. Anwendungsfertigkeiten im Bereich von PC-Standardsoftware, Sprachtrainings, die Grundlagenwissen vermitteln, Berufsbildungsinhalte für weit verbreitete Berufe).

Wenn der Qualifizierungsbedarf spezifischer wird und ein deutlicher Bezug zu konkreten Arbeitsplätzen hergestellt werden muss, verlieren Standardprogramme ganz schnell ihre Brauchbarkeit. Dann gibt es die Möglichkeit, eigene, auf die spezielle Zielsetzung abgestimmte Programme zu entwickeln oder entwickeln zu lassen. Dabei kommt dann allerdings schnell die Frage nach der Effizienz ins Spiel: Eigenentwicklungen rechnen sich nur dann, wenn sie günstiger sind als andere Methoden der Wissensvermittlung wie Schulungen oder Trainings. Ein wirtschaftlicher Einsatz ist demnach nur dann gegeben, wenn die zu schulende Zielgruppe im eigenen Unternehmen so groß ist, daß die Entwicklungskosten von Interaktiven Lernmedien niedriger sind als die Kosten, die entstehen, wenn das gleiche Ziel mit anderen Vorgehensweisen erreicht wird. Beim Einsatz von Lernmedien ergibt sich eine weitere natürliche Grenze:

Spezialentwicklungen haben ihren Preis

 Es können im Wesentlichen nur kognitive Inhalte vermittelt werden. Ihre Anwendung im Bereich der – zunehmend wichtiger werdenden – sozialen Kompetenzen muss sich notwendigerweise auf die Vermittlung von Theorie beschränken.

Eine sinnvolle Qualifizierung von beispielsweise Gesprächs- oder Verhandlungsführung, Verkaufstechnik, oder konkretem Führungsverhalten braucht das Üben im sozialen Kontakt mit einem menschlichen Partner und das Feedback eines professionellen Trainers oder Coaches. Multimedia kann in diesen Feldern u.U. die Qualifizierung effizienter machen, indem die Vermittlung der theoretischen Grundlagen aus dem Training heraus verlagert wird. Das Training selbst können Lernprogramme hier allerdings so schnell nicht ersetzen.

Software ersetzt nicht den Partner in der sozialen Interaktion

5.5 Teamentwicklung

Jeder, der sich etwas für Sport interessiert, weiss, dass es nicht reicht, die besten Einzelspieler zusammenzufassen. Man muss daraus eine Mannschaft – eben ein Team – formen. Das Zusammenspiel der einzelnen Charaktere im Team durchläuft Höhen und Tiefen und gelangt manchmal in kritische Situationen. Nachdem sich eine Gruppe von Menschen zusammengefunden hat, um gemeinsame Ziele zu verfolgen, dauert es oft längere Zeit bis das entstehende Team tatsächlich leistungsfähig ist. Ohne Unterstützung dauert es in der Regel länger, bis die Mitglieder des Teams optimal aufeinander eingestimmt sind und bis sie eine funktionierende Rollen- und Aufgabenverteilung entwickelt ha-

Aus Einzelspielern ein Team formen

ben. Die Entwicklung nimmt in den Anfangsphasen auch teilweise krisenhafte Züge an. Das Aushandeln der Rollenverteilung im Team hat häufig auch etwas mit dem Entstehen einer Rangordnung und den damit verbundenen „Rangkämpfen" zu tun. Hier besteht eine gewisse Gefahr, dass die Teamentwicklung scheitert und die Gruppe nie die erwartete Produktivität erreicht.

Die Rolle der Führungskraft

Eine erste Möglichkeit zur Verkürzung der Zeit, die ein Team zur eigenen Findung braucht, besteht darin, eine in der Führung von Teams erfahrene – oder zumindest optimal qualifizierte – Führungskraft mit der Führung zu betrauen. Da die Führungskraft aber selbst in die Prozesse der „Gruppendynamik" einbezogen ist und eine eigene Rolle mit eigenen Interessen verfolgt, bietet diese Möglichkeit keine Erfolgsgarantie.

 Vor allem bei Teams, deren Position und Aufgabenstellung für das Unternehmen von großer Wichtigkeit sind, ist man gut beraten, wenn man sich weder auf den Zufall noch allein auf die Führungskraft verlässt. In diesen Fällen ist eine systematische Teamentwicklung sinnvoll.

Professionelle Unterstützung

Teamentwicklung wird durch gezielte Workshops unterstützt. Sie sollten von einem Moderator durchgeführt werden, der die Rolle eines neutralen Dritten einnehmen kann. Das kann ein Mitarbeiter der Personalentwicklung oder ein externer Trainer sein. Externe genießen in diesem Zusammenhang oft einen besonderen Vertrauensvorsprung. Die Workshops sollten in einem geschützten Rahmen außerhalb der Arbeitszeit und fern der üblichen Arbeitsumgebung – zum Beispiel in einem Seminarhotel oder Schulungszentrum – durchgeführt werden.

Im Folgenden werden zwei wesentliche Anlässe für derartige Workshops beschrieben.

5.5.1 Teaminitialisierung

Ein Workshop zur Teaminitialisierung sollte in zeitlicher Nähe zum Start der gemeinsamen Arbeit durchgeführt werden. Ziel ist es, die ersten Phasen der Teamentwicklung bis zur Arbeitsfähigkeit zu verkürzen und abzusichern. Die Methodik wird auch häufig bei der Konstituierung von Projektteams angewendet (Mayrhoffer/Kröger, 1999). Der Moderator gibt im Workshop eine zeitli-

che und inhaltliche Arbeitsstruktur vor, die es den Mitgliedern erlaubt, sich voll und ganz auf den gemeinsamen Entwicklungsprozess zu konzentrieren.

Der Workshop bearbeitet folgende Aufgaben:

1. Intensives Kennenlernen der Mitglieder.
2. Auseinandersetzung mit dem Auftrag des Teams.
3. Diskussion und Vereinbarung der Aufgabenverteilung.
4. Vereinbarung von Spielregeln.

Das Kennenlernen kann durch eine ausführliche Vorstellungsrun-
de erfolgen, in der alle Mitglieder die in Abbildung 24 genannten
Fragen beantworten.

Teaminitialisierung Teil 1

Mein Name?	Was ich zu meiner Person sagen möchte?	Welche Erfahrungen/welches Knowhow bringe ich mit?	Was sind meine Erwartungen an die gemeinsame Arbeit?	Sich gegenseitig richtig kennenlernen

Abb. 24: Teaminitialisierung Teil 1: Zum Kennenlernen

Die Kollegen haben jeweils die Möglichkeit zum Nachfragen,
wenn der gegenseitige Wunsch nach näherer Information besteht.

Im nächsten Schritt rekonstruieren die Teilnehmer mit Hilfe des
Moderators gemeinsam den Auftrag an das Team. Dabei hilft ihnen die in Abbildung 25 dargestellte Lösungsstruktur.

Teaminitialisierung Teil 2

6 Unsere Lieferanten	1 Wer uns beauftragt	3 Unsere Kunden
5 Was wir brauchen	4 Unser Team	2 Unsere Leistung
	7 Wer/Was uns beeinflusst	

Sich mit der eigenen Aufgabe intensiv beschäftigen

Abb. 25: Teaminitialisierung Teil 2: Unser Auftrag

Der Moderator begleitet die Auftragsklärung, indem er gezielte Fragen stellt und bei Unklarheiten – durch Nachfragen – eine Konkretisierung herbeiführt:

1. Wer ist der Auftraggeber des Teams? An wen berichtet der Teamleiter? Wie werden Ziele abgestimmt und vereinbart?
2. Welche Produkte und oder Dienstleistungen soll das Team erstellen? Was sind die Ziele der Arbeit des Teams? Wie müssen die Leistungen – zeitlich, qualitativ und quantitativ – erbracht werden?
3. Wer sind die Kunden des Teams? Für wen sind die erstellten Produkte und Dienstleistungen? Welche Anforderungen stellen die Kunden an die Leistungen des Teams? Wie werden Vereinbarungen über Art, Menge, Qualität und Liefertermine mit den Kunden getroffen?
4. Welche Tätigkeiten gehören zum Auftrag des Teams? Wie muss das Team sich und seine Arbeit organisieren, um die Leistungen erbringen zu können?
5. Welchen Input (Materialien und Rohstoffe, Information, Ressourcen, Technologie, Personalkapazität, Qualifizierung, Unterstützung durch andere, etc.) benötigt das Team für seine Arbeit? Wann benötigt es sie und in welcher Form?

Den Dingen auf den Grund gehen

6. Wer liefert die nötigen Inputs? Wie werden Vereinbarungen mit den Lieferanten getroffen?
7. Welche Personen und Faktoren – innerhalb oder außerhalb des Unternehmens – beeinflussen die Arbeit des Teams? Wie kann das Team sie zu seinen Gunsten beeinflussen? Wie kann es damit umgehen?

 Die Checkliste finden Sie unter Auftrags.doc

An dieser Stelle wird den Teilnehmern häufig bewusst, dass sie eine Reihe von Unklarheiten über ihren Auftrag haben. Es wird dann eine Vereinbarung getroffen, wie eine Klärung herbeigeführt wird. Vor allem der vierte Punkt aus der Fragensammlung wird intensiver behandelt und es werden konkrete Vereinbarungen getroffen.

Alle Unklarheiten beseitigen

Schließlich geht es darum, dass das Team für sich eine Art „Verfassung" konstituiert. Dazu beantwortet es die folgenden Fragen:

- Welche Faktoren werden zu unserem Erfolg beitragen?
- Was kann uns darin hindern, erfolgreich zu sein?
- Welche Vereinbarungen müssen wir also treffen?
- Wie überprüfen wir ihre Einhaltung?

Eine „Verfassung" vereinbaren

Teaminitialisierung Teil 3				
Wer?	macht was?	mit wem?	mit welchem Ergebnis?	wann?/ Bis wann?

Handlungen konkretisieren und verabreden

Abb. 26: Teaminitialisierung Teil 3: Umsetzungsvereinbarungen

Der Workshop endet mit der Vereinbarung der Aktivitäten, die sich aus den vorangegangenen Schritten ergeben. Sie werden konkret mit Termin und persönlicher Verantwortlichkeit schriftlich festgehalten (vgl. Abb. 26).

5.5.2 Standortbestimmung

 Von Zeit zu Zeit ist es für jedes Team ratsam, eine Auszeit vom operativen Geschäft zu nehmen, eine Standortbestimmung vorzunehmen und sich für die kommenden Herausforderungen neu auszurichten.

Eine Auszeit nehmen und sich neu ausrichten

Häufig geschieht dies aus einem konkreten Anlass heraus (z.B. Veränderungen im Umfeld bzw. im Markt, Veränderungen im Team, aufgetretene oder drohende Schwierigkeiten etc.). Andere Teams warten nicht, bis sich ein Anlass ergibt, sondern wiederholen solche Workshops turnusmäßig, z.B. alle 1–2 Jahre. Auch bei diesem Workshop ist die Begleitung durch einen unabhängigen und neutralen Moderator ratsam. Thema kann auch hier die Auseinandersetzung mit dem eigenen Auftrag (s.o.) sein. Dies ist dann der Fall, wenn sich Veränderungen ergeben haben oder erkennbar abzeichnen, die eine Aktualisierung des Auftrages notwendig machen.

Zeichnen sich keine gravierenden Änderungen ab, genügt zur Standortbestimmung eine gemeinsam durchgeführte Analyse der eigenen Stärken und Schwächen mit Hilfe der Fragenstruktur in Abbildung 27.

Sofern sich aus der aktuellen Situation der Bedarf dazu ergibt, erfolgt auch im Rahmen der Standortbestimmung eine Überprüfung und – falls notwendig – eine Aktualisierung der Teamverfassung. Der Workshop wird jedoch in jedem Fall mit einer konkreten Maßnahmenplanung (s. Abb. 26) abgeschlossen.

5.5.3 Konfliktintervention und Mediation

Konflikte sind „normal"

Konflikte stellen, wie überall, wo Menschen miteinander in Beziehung treten, auch in Organisationen und Teams ein alltägliches Phänomen dar. So häufig sie sind, so schnell und einfach werden sie meist auch geregelt. Zu Problemen kommt es nur dann, wenn

Standortbestimmung

Welches sind unsere Stärken? Was können wir besonders gut? Was macht uns erfolgreich?	Welches sind unsere Schwächen? Was macht uns Schwierigkeiten? Was hemmt unseren Erfolg?
Welche Chancen bieten sich uns in Zukunft? Wo können wir wachsen?	Welchen Risiken sehen wir uns in Zukunft gegenüber? Worauf müssen wir achten?

Abb. 27: Standortbestimmung: Stärken und Schwächen

die Konfliktparteien aus eigener Kraft keine Lösung zustande bringen.

 Gleichgültig, ob ein ungelöster Konflikt eskaliert oder für längere Zeit schwelt, er verbraucht die Aufmerksamkeit und Energie der Beteiligten und hält sie davon ab, sich mit ihren vorrangigen Zielen zu beschäftigen. Es ergibt sich also eine dringende Notwendigkeit, solche ungelösten Konflikte, sofern sie ein gewisses Ausmaß übersteigen, professionell zu lösen.

Konflikte werden zum Problem, wenn sie nicht gelöst werden

Gerade die Bearbeitung von Konflikten sollte in einem geschützten Rahmen also außerhalb des Arbeitsumfeldes, abgeschirmt vom Tagesgeschäft in einem geeigneten Seminarhotel oder Bildungszentrum erfolgen.

Bei der Auswahl des Moderators sollte nur jemand zum Zuge kommen, der durch persönliche Reife, methodische Sicherheit und nachgewiesene Erfahrung in ähnlichen Workshops in der Lage ist, auch heikle und komplizierte zwischenmenschliche Situationen erfolgreich zu bearbeiten.

Die wesentliche Erfolgsvoraussetzung für den Erfolg – neben der Auswahl des Moderators – ist eine sachgerechte Auftragsklärung unter Beteiligung der betroffenen „Konfliktparteien". Folgende Fragen sind hierbei zu klären:

Auftragsklärung

- **Ausgangssituation:** Wie sieht die Situation aus, die das Training erforderlich macht? Zwischen welchen Parteien besteht welcher Konflikt? Was sind die jeweiligen Interessen der Konfliktparteien?
- **Zieldefinition:** Welcher Zustand soll nach dem Training erreicht werden? Welche Veränderungen sollen eintreten? Was soll so bleiben, wie es ist?
- **Zielgruppe, beteiligte Personen:** Wer ist an dem Konflikt beteiligt oder von ihm betroffen? Wer wird an dem Workshop teilnehmen? Wer muss sonst in die Durchführung eingebunden werden?
- **Terminierung:** Bis wann muss der Konflikt gelöst sein? Wann soll/kann die Maßnahme durchgeführt werden?
- **Investition:** Wieviel Zeit steht für die Maßnahme zur Verfügung? Was darf die Maßnahme kosten?
- **Zielüberprüfung:** Woran wird man erkennen, dass die Ziele erreicht sind? Wann findet eine Überprüfung der Erfolge statt?

 Die Checkliste finden Sie unter Auf_Konf.doc

Einbeziehung der Beteiligten schon in der Planung und Vorbereitung

Mediation ist eine Form und Methode der Konfliktbearbeitung, die dann angewendet wird, wenn Konflikte zwischen Gruppen auftreten. Im Unternehmen können das ganze organisatorische Einheiten sein. Ihre Durchführung muss, wie andere Konfliktlösungsprozesse auch, sorgfältig vorbereitet sein. Es kommt hier allerdings mehr als sonst darauf an, die beteiligten Parteien intensiv in die Vorbereitung einzubinden. Wenn bei einem Konflikt innerhalb eines Teams der Teamleiter als Auftraggeber auftritt, mit dem die Auftragsklärung erfolgt, sind die beiden Parteien im Rahmen der Mediation gleichberechtigte Auftraggeber.

5.6 Projekt- und Prozessbegleitung

Was für Teams gilt, kann genauso auf größere Einheiten und ganze Organisationen übertragen werden. Sie durchlaufen im Verlauf ihrer Zusammenarbeit zwangsläufig Veränderungsprozesse, die mehr oder weniger leicht bewältigt werden können. Auch der Wandel in größeren Einheiten kann durch strukturierende und reflektierende Schritte zielgerichtet beeinflusst werden.

Gezielte Entwicklungsprozesse des gesamten Unternehmens oder großer Teile davon (man spricht auch von Organisationsentwicklung) finden meist in Form von Projekten statt. Ziel eines solchen geplanten Wandels können Veränderungen der Führungskultur (zum Beispiel die unternehmensweite Einführung von „Führen mit Zielen"), Veränderungen der Aufbauorganisation (z.B. die Zusammenlegung oder Aufteilung von Unternehmensbereichen) oder grundsätzliche Veränderung der Ablauforganisation (z.B. Einführung von Prozessmanagement oder Durchführung von Reengineering) sein.

Organisations-entwicklung

Die Veränderungen, die sich im Rahmen solcher Projekte vollziehen, gehen weit über das Maß bei der Teamentwicklung hinaus. Auch an dieser Stelle ist es die Aufgabe der Personalentwicklung, dafür zu sorgen, dass die damit verbundenen Entwicklungen v.a. im Bereich der Mitarbeitermotivation, der Führungskultur und der Lern- und Qualifizierungsprozesse auf eine Art und Weise ablaufen, die sicherstellt, dass am Ende des Weges die Leistungsfähigkeit der Mitarbeiter und Teams gesteigert ist.

Projekte

Die Personalentwicklung verfügt in diesem Arbeitsfeld über folgendes Leistungsspektrum:

1. Moderation
2. Qualifizierung
3. Teamentwicklung.

5.6.1 Moderation

Die Arbeit von Moderatoren dient dazu sicherzustellen, dass Problemlösungs- und Entscheidungsprozesse in Gruppen zielgerichtet und strukturiert ablaufen und dadurch effektiv und effizient sind (Klebert et al., 1996; Mayrshofer/Kröger, 1999). Moderatoren entlasten die Gruppen, indem sie die Diskussionen leiten, durch gezielte Fragen in Richtung auf die Ziele lenken, Ergebnisse sichtbar machen und festhalten. Die Mitglieder sind so in der Lage, sich voll und ganz auf die inhaltliche Auseinandersetzung mit den anstehenden Themen zu konzentrieren. Moderation bewirkt, dass alle Mitwirkenden ihren Teil zur Lösung der Probleme beitragen, da sie verhindert, dass allein die Personen zu Wort kommen, die sonst durch ihren Rang oder ihre Persönlichkeit die Diskussion dominieren.

Betroffene beteiligen

Eine zentrale Forderung der Organisationsentwicklung ist die Mitwirkung aller Betroffenen in Veränderungsprozessen („Betroffene zu Beteiligten machen!").

Man kann davon ausgehen, dass eine Lösung, die unter Beteiligung und Mitwirkung aller Betroffenen entstanden ist, höhere Erfolgsaussichten bietet als solche, die z.B. durch Alleinentscheidung des Managements oder durch den Rat von Unternehmensberatern entstanden sind.

Moderation bietet die Methodik, die die geforderte Beteiligung der Betroffenen erst ermöglicht. Moderationen werden von Mitarbeitern durchgeführt, die in der Methodik qualifiziert und erfahren sind. Das können Mitarbeiter aus allen Bereichen des Unternehmens sein. In der Regel verfügen hier die Mitarbeiter des Personalressorts (insbesondere der Personalentwicklung) über die ausgeprägtesten Kompetenzen.

5.6.2 Qualifizierung

Veränderungsprozesse erfordern eine Reihe von Kompetenzen, die in der üblichen operativen Arbeit weniger von Bedeutung sind. In den Projekten der Organisationsentwicklung haben Projektleiter und Prozessbegleiter eine besondere Verantwortung für und hohen Einfluss auf den Erfolg. Ihnen gilt das besondere Augenmerk der Personalentwicklung.

Projektleiter und Prozessbegleiter

- Projektleiter haben die Aufgabe, zusammen mit ihrem Projektteam unter Beteiligung der Betroffenen konkrete Lösungen für die Fragen zu erstellen, mit denen sich der Veränderungsprozess beschäftigt. Außerdem sollen sie ihre Lösungen in allen betroffenen Bereichen implementieren (Hansel/Lomnitz, 1993).

Bei der Einführung einer prozessorientierten Unternehmensorganisation wird es beispielsweise Projekte geben, die passende Konzepte für die Logistik in den neuen Strukturen, die Fertigungskostenrechnung unter den neuen Bedingungen, die Einführung von Gruppenarbeit oder neuer Führungsleitlinien erarbeiten.

Die Anforderungen, denen sich die Projektleiter dabei stellen müssen, sind vielschichtig. Sie müssen die fachlichen Inhalte und die Methoden zur Steuerung von Projekten beherrschen. Sie müssen ein interdisziplinäres Team zusammenhalten und motivieren. Sie müssen die Ergebnisse präsentieren, vertreten und teilweise auch „verkaufen" können.

Anforderungen an Projektleiter und Prozessbegleiter

- Prozessbegleiter unterstützen und beraten die Projektleiter bei der Durchführung des Projektes. Sie achten vor allem auf die so genannten „weichen Faktoren" (Kommunikation, Gruppendynamik, Führung, Motivation, Qualifikation und Kultur). So kann sich der Projektleiter stärker auf den sachlichen Kern des Projektes konzentrieren. Hauptinstrument der Prozessbegleiter ist die Moderationsmethode.

 Stellenbilder für Projektleiter in Veränderungsprojekten unter Stell_PL.doc und Prozessbegleiter unter Stell_PB.doc

Ein wesentliches Ziel der Personalentwicklung, die Förderung der Selbstständigkeit und Eigeninitiative der beteiligten Mitarbeiter, wird auch bei der Qualifizierung der Projektleiter und Prozessbegleiter verfolgt. Dies geschieht durch die Veranstaltung von Workshops zum Erfahrungsaustausch und zur kollegialen Unterstützung. Die Workshops werden von Mitarbeitern der Personalentwicklung moderiert. Darin reflektieren die Teilnehmer gemeinsam ihre Aufgaben im Projekt, arbeiten die jeweils eigenen Stärken und Probleme heraus und vereinbaren gegenseitige Unterstützung. Der Ablauf ähnelt einem Workshop zur Teamentwicklung.

Erfahrungsaustausch und gegenseitige Unterstützung

Jeder Teilnehmer reflektiert seine Aufgabe und erstellt sein eigenes Bild davon. Die Ergebnisse werden in Kleingruppen diskutiert. Die Kollegen verhelfen sich gegenseitig durch kritisches Nachfragen zu größerer Klarheit.

Im zweiten Schritt werden in Einzelarbeit von jedem Teilnehmer die eigenen Stärken und Schwächen analysiert.

Der eigene Auftrag

Abb. 28: Aufgaben des Projektleiters

Die Bestimmung des eigenen Standpunkts

Was ich gut kann … Was bei mir gut funktioniert …	Wie/Womit ich die Kollegen unterstützen/ beraten könnte …
Womit ich nicht zufrieden bin … Was besser laufen könnte …	Welche Unterstützung/ Beratung ich gebrauchen könnte …

Abb. 29: Analyse der Stärken und Schwächen

Die Ergebnisse werden in der Gesamtgruppe vorgestellt und diskutiert. Aus der Diskussion ergeben sich Ansatzpunkte zu konkreten Vereinbarungen für kollegiale Unterstützung.

Wer?	Macht was?	Mit wem?	Wann?

Gegenseitige
Unterstützung
vereinbaren

Abb. 30: Unterstützungsvereinbarungen

Sofern sich Qualifizierungsbedarfe ergeben, die nicht im Rahmen des kollegialen Austauschs befriedigt werden können, übernimmt die Personalentwicklung die Aufgabe, für entsprechende Alternativangebote zu sorgen.

5.6.3 Teamentwicklung

Gerade bei größeren Veränderungen im Unternehmen ergibt sich ein gesteigerter Bedarf nach Teamentwicklung. Zum einen, weil gleichzeitig eine große Anzahl von Projekten gegründet wird, die dazu gehörigen Projektteams sich häufig unter Zeitdruck konstituieren müssen und sich gleichzeitig besonderen Herausforderungen und weitreichender Verantwortung gegenüber sehen. Zum zweiten kommt es im Verlauf der Projekte – insbesondere bei Prozessen, die die Ablauf- oder Aufbauorganisation verändern – zur Teilung, Verschmelzung, Auflösung oder Neugründung von organisatorischen Einheiten. Auch die davon betroffenen Teams sollen in neuer Zusammensetzung und oft mit neuer Aufgabenstellung schnell arbeitsfähig sein. Die Vorgehensweise bei der Teamentwicklung unterscheidet sich nicht von der oben beschriebenen.

Organisationsentwicklung verändert Teams

Im Rahmen der Teamentwicklung kommt den Prozessbegleitern eine zusätzliche Rolle zu. Sie sind verantwortlich für das Controlling der getroffenen Vereinbarungen, sie beobachten deren Umsetzung und initiieren Veranstaltungen zur Standortbestimmung der betroffenen Teams.

6. Feedback-Tools

Wie kann man die Leistungsmotivation von Mitarbeitern fördern? Welche Instrumente kann man einsetzen, die ihnen dazu Anreiz geben? Eine komplexe und wichtige Aufgabe, zu der die PE mit einen entscheidenden Beitrag leisten soll. Viele Systeme werden in der Fachliteratur diskutiert. Dieses Kapitel beschreibt Beurteilungsmodelle, die in der Praxis bereits erfolgreich realisiert wurden und die u.a. auch eine variable, leistungsbezogene Vergütung von verschiedenen Mitarbeitergruppen beinhalten. Die Autoren gehen davon aus, dass es nicht „das System" zur Beurteilung für alle Mitarbeiter in einem Unternehmen gibt. Der Leser soll hier Anregungen erhalten, Konzepte und Maßnahmen im eigenen Unternehmen zu entwickeln und umzusetzen. Hierzu werden unternehmens- und mitarbeitergruppenspezifische Modelle sowie Beurteilungswerkzeuge vorgestellt.

Es gibt nicht „das" Beurteilungssystem

6.1 Zielvereinbarung

Ein modernes Beurteilungssystem ist abhängig von Zielvorgaben und deren Erreichung. Bei einer innovativen Unternehmenskultur wird durch Zielvereinbarungen geführt (Olesch, 1999 a).

 Der Vorgesetzte sollte sich regelmäßig mit den Mitarbeitern zusammensetzen, um gemeinsam ihre Aufgabenziele zu definieren. Diese sollen wiederum von den Unternehmenszielen abgeleitet sein und gemeinsam zwischen Vorgesetzten und Mitarbeitern vereinbart werden.

Leider ist das in vielen Unternehmen heute noch nicht der Fall. Es wird vom Vorgesetzten z. T. kein Ziel, sondern eine Maßnahme, angeordnet. Ein Ziel ist immer ein Zustand, der erreicht werden soll. Es muss vor allem messbar sein. Eine Maßnahme dagegen ist immer ein Tun oder der Weg. Führen durch Anordnung von Maßnahmen wird von den Mitarbeitern meistens als Gängeln angesehen und hat bei weitem nicht die motivierende Wir-

Ziele statt Maßnahmen formulieren

kung wie Zielvereinbarungen. Das Ziel muss gemeinsam vereinbart werden, den Weg zur Erreichung beschreitet der Mitarbeiter selber. Schließlich haben gerade deutsche Unternehmen die höchstqualifizierten Mitarbeiter. Sie sind in der Lage, Wege zu entwickeln. Außerdem werden dadurch die Führungskräfte operativ entlastet und können sich ihren Führungs- und strategischen Aufgaben verstärkt widmen.

Im Folgenden werden Maßnahmen den adäquaten Zielvorgaben gegenübergestellt:

Maßnahme	Ziel
„Die Montagemaschine fällt häufig aus. Machen Sie mal was dagegen."	„Bitte reduzieren Sie die Stillstandszeiten der Montagemaschine bis Ende nächsten Monats um 10 %."
„Wir haben viel zu hohe Lagerkosten. Gehen Sie da mal ran."	„Der Lagerbestand soll in 2 Monaten um 25 % verringert werden."
„Es kommen zu viele Qualitätsmängel vor. Der Kunde beschwert sich zu häufig. Da müssen wir dringend etwas machen."	„Ziel ist, dass Ende der 33. KW der Ausschuss um 30 % gesunken ist."
Der Wettbewerb liefert viel schneller als wir. Da müssen wir besser werden."	„Die Lieferzeit wird bis Ende des Jahres um 2 Tage verkürzt."
„Ihrer Abteilung fehlen schon recht lange einige Spezialisten. Sie sollten möglichst schnell etwas tun."	„Stocken Sie bitte den Personalstand in der Produktion bis Mitte des Jahres um 3 Facharbeiter auf."

Der Leser kann anhand der Beispiele selbst überprüfen, wie präzise er Ziele für seine Mitarbeiter formuliert. Viele Vorgesetzte deutscher Unternehmen sind der Meinung, klare Vorgaben zu machen. Bei näherer Betrachtung würde man entdecken, dass es leider nur in wenigen Fällen so ist.

 Klare Zielvereinbarungen bewirken eine hohe Motivation des Mitarbeiters. Daraus resultiert eine Steigerung der Leistungsfähigkeit. Indem der Vorgesetzte vertrauensvoll delegiert, wird er entlastet und kann sich weiteren Aufgaben widmen. All das führt zu einer Effizienzsteigerung des Unternehmens.

6.1.1 Zielerreichung und Beurteilung

Die jeweilige Erreichung der Ziele wird in der Beurteilung definiert. Hier erhält der Mitarbeiter Feedback durch den Vorgesetzten. Von den sechziger bis zu den achtziger Jahren waren Beurteilungssysteme primär verhaltensorientiert. Es wurde eingestuft, wie jemand etwas gemacht hat. In den späten achtziger und Anfang der neunziger Jahre entfernte man sich von der verhaltensorientierten Beurteilung und formulierte Systeme, die primär die Erreichung von Zielen beurteilten. Das hatte z.T. zur Folge, dass vorgegebene Ziele von Mitarbeitern erreicht worden sind, jedoch mit unerwünschtem Verhalten. Dieser Effekt kann ausgeschlossen werden, wenn Beurteilungssysteme die Zielerreichung sowie das Verhalten dabei beurteilen. Im Folgenden werden verschiedene Systeme zur Zielerreichung, Beurteilung und Vergütung spezifischer Mitarbeiter vorgestellt, die beide Aspekte beinhalten:

Zielerreichung und Feedback

- Leitende und außertarifliche Angestellte
- Angestellte Mitarbeiter
- Gewerbliche Mitarbeiter
- Spezielle Mitarbeitergruppen.

Es sei erwähnt, dass alle Mitarbeiter in ihrem Gehalt oder Lohn über eine variable Komponente verfügen. Zum besseren Verständnis der unterschiedlichen variablen Systeme werden zunächst die Aufgaben der Mitarbeitergruppen im Unternehmen beschrieben, für die die Beurteilungssysteme eingesetzt werden.

6.1.2 Beurteilungssysteme

Die Beurteilungssysteme werden zur Motivation, Personalentwicklung und Vergütung der Mitarbeiter eingesetzt. Das Gehalt bei allen Positionen besteht aus einem Fixum und einer variablen Komponente. Die variable Komponente wird durch Zielvereinbarungen und deren Erreichung pro Jahr bestimmt. Sie macht je nach Funktion maximal 40 % des Jahresgehalts aus. Folgende Anforderungen werden an Beurteilungs- und variable Vergütungssysteme gestellt: Es sollen primär messbare Parameter Anwendung

Zielvereinbarung und variable Vergütung

finden, um subjektive Aspekte auf ein Minimum zu reduzieren. Dies hat zur positiven Folge, dass ein geringerer Argumentations- und Diskussionsbedarf zwischen Mitarbeiter und Vorgesetztem besteht. Daher gelten folgende Aspekte:

- Überprüfbarkeit der Kriterien und Zielerreichung,
- Transparenz und Nachvollziehbarkeit,
- Einfachheit statt umfangreicher Administration,
- Beurteilung pro Jahr.

Leitende und außertarifliche Angestellte

Zielvereinbarung leitender Angestellter

Leitende Angestellte haben eine besondere Verantwortung im Unternehmen. Daher sollte ein spezielles Zielvereinbarungs- und Beurteilungssystem eingesetzt werden. Einmal im Jahr wird das Fixum bzw. Monatsgehalt aufgrund der Anforderungen der Position bestimmt. Weiterhin sollten am Ende eines Geschäftsjahres die Ziele für das kommende Geschäftsjahr zwischen Geschäftsführung und leitenden Angestellten definiert werden. Es sollte ein ständiger Soll-Ist-Vergleich bezüglich der Zielerreichung während des Jahres erfolgen. Gegen Ende eines Jahres sollte Resümee gezogen werden, aus dem die Tantieme abgeleitet werden kann.

Es kann folgender Beurteilungskatalog zur jährlichen Gehalts- und Tantiemeregelung eingesetzt werden:

- Zielerreichungen
  - Erreichung spezieller Jahresziele: Je ausgeprägter die Zielerreichung ist, desto höher ist die Tantieme für dieses Kriterium.
  - Erfüllung der klassischen Aufgaben: Gemeint ist die Zielerreichung der traditionellen Aufgaben des leitenden Angestellten, z.B. die Zielerreichungen für die ihm unterstellten Bereiche oder Abteilungen.
- Verhalten
  Neben der Zielerreichung wird das dabei gezeigte Verhalten des leitenden Angestellten beurteilt. Während die Zielerreichung das „Was" ist, ist das Verhalten das „Wie". Beides sind entscheidende Parameter des Erfolgs.
  - Führungsverhalten/Unternehmenskultur: Der leitende Angestellte versteht es, seine Mitarbeiter von ihrer Aufgabenstellung zu überzeugen und betriebliche Ziele zu ihren ei-

Variable Vergütungskomponente für leitende Angestellte			−	+/−	+	++
1	Erreichung spezieller Jahresziele		−	+/−	+	++
1						
2						
3						
4						
5						
6						
7						
2	Erfüllung klassischer Aufgaben im Jahr		−	+/−	+	++
1						
2						
3						
4						
5						
		Summe				
			−	+/−	+	++
3	Führungsverhalten/Unternehmenskultur					
4	Loyalität					
5	Relevanz der Funktion im Unternehmen					
6	Dauer der Zugehörigkeit					
		Summe				
Veränderung der Vergütungsgruppen, z.B.			−a	0	+x	+x+y

Abb. 31: Beurteilungsbogen für die Bewertung der Zielerreichung und des Verhaltens (siehe auf ⊙ unter Verg_Ltd.doc)

genen Zielen zu machen. Er hat Zeit für seine Mitarbeiter und fördert die fachliche und persönliche Entwicklung. Dabei delegiert er Aufgaben, Kompetenzen und Verantwortlichkeiten, ohne sie abzuschieben. Er unterstützt die Selbstständigkeit und beurteilt die Mitarbeiter ausgewogen und treffsicher. Spricht Anerkennung und Kritik offen aus.

– Loyalität: Er ist loyal zum Unternehmen. Vertritt überzeugend Unternehmensentscheidungen und informiert die Geschäftsleitung oder den direkten Vorgesetzten umfassend, auch bei kritischen Aspekten.

– Relevanz der Funktion im Unternehmen: Wie wichtig wird der leitende Angestellte für die jährlichen Unternehmensziele und seine anstehenden Jahresprojekte betrachtet. Dies kann von Jahr zu Jahr variieren.

– Dauer der Zugehörigkeit: Wie lange ist der leitende Angestellte in seiner Funktion im Unternehmen tätig. Hiermit soll die Bindung an das Unternehmen verstärkt werden.

Tantiemezahlung leitender Angestellter

Es bestehen vier Stufen der Beurteilung, die vom Vorgesetzten, der in der Regel die Geschäftsführung oder der Vorstand sein kann, vorgenommen wird. Dieses System kann genutzt werden, um das jährliche Grundgehalt und die jährlich einmalige Tantiemezahlung zu definieren.

Systeme für Angestellte

Orientierung am Tarif

Im Folgenden wird das Beispiel eines Beurteilungssystems, das auf dem Tarif der Metall- und Elektroindustrie NRW aufbaut, geschildert. Das Prinzip kann vom Leser leicht auf seinen Tarif übertragen werden. Bei Angestellten existiert ein System, das sich aus einem Grundgehalt und variablen Komponenten zusammensetzt. Das Grundgehalt besteht hierbei aus vier Stufen. Diese Stufen werden durch Aufgabenbeschreibungen und aktuelle Stellenbilder des Unternehmens definiert. Die variablen Komponenten bestehen aus einem Beurteilungssystem von max. 8% und einem Zielerreichungssystem von max. 4%, zusammen max. 12%. Die variable Komponente wird mit einem Beurteilungsbogen ermittelt. Hierbei steht das Verhalten des Mitarbeiters im Vordergrund. Im Durchschnitt erreichen Mitarbeiter 4% variable Komponente auf ihr Grundgehalt, max. sind es 8%. In dem jährlichen Feedbackgespräch werden zwischen Vorgesetzten und Mitarbeitern die zukünftigen Ziele schriftlich vereinbart.

Zielvereinbarung Angestellte

Name, Vorname   Abteilung

_____   _____

_____   _____

Ziele

_____

_____

_____

_____

_____

_____

_____

_____

Absprachen bis zur nächsten Beurteilung

_____
                                       Unterschriften
_____
                                       Beurteiler/in   _____
_____
                                       Beurteilte/r   _____
_____
                                       Kenntnisnahme   _____
_____
                                       Bereichsleiter/in _____
_____

_____

Abb. 32: Den Beurteilungsbogen mit Zielvereinbarung für Angestellte finden Sie
auf 💿 unter Verg_Ang.doc.

Beurteilungskarte – Angestellte

Name, Vorname _____   Abteilung _____

Beurteilungsdatum _____   Beurteiler/in _____

Beurteilungsmerkmale	Die Leistung				
	genügt den Anforderungen nicht immer	genügt den Anforderungen fast immer	genügt den Anforderungen in vollem Umfang	übertrifft die Anforderungen	übertrifft die Anforderungen in besonderem Umfang
	0	2	4	6	8
1. Anwendung der Kenntnisse (Sorgfalt, Genauigkeit, Zuverlässigkeit)					
2. Arbeitseinsatz (Intensität, Wirksamkeit, Selbstständigkeit, Kostenbewusstsein)					
3. Arbeitsverhalten bei unterschiedlichen Arbeitssituationen (Überblick, Beweglichkeit, Setzen von Prioritäten)					
4. Zusammenarbeit (Informationsaustausch, Überzeugungsfähigkeit, Zusammenarbeit zur gemeinsamen Lösung)					
Gesamtpunkte :		**Punkte x 0,25 =**		**% Leistungszulage**	

Bemerkungen

_____

_____

_____

Unterschrift Beurteiler/in

_____

Kenntnisnahme Beurteilte/r

Abb. 33: Die Beurteilungskarte mit Verhaltensbeurteilung für Angestellte finden Sie auf unter Verg_Ang.doc.

Folgende Merkmale sollen bei Durchführung der Beurteilung als Anhaltspunkte dienen.

1. Anwendung der Kenntnisse

- Auffassungsgabe,
- Erkennen von Zusammenhängen,
- Erkennen des Wesentlichen,
- Berücksichtigen von Rahmenbedingungen,
- Qualität des erzielten Arbeitsergebnisses,
- Fehlerhäufigkeit,
- Genauigkeit/Zuverlässigkeit/Sorgfalt,
- Weiterverwertbarkeit der Ergebnisse,
- Kreativität,
- spontane Lösung von Aufgaben durch Erfahrungswerte,
- Vielseitigkeit des Wissens/der Erfahrung,
- Lerninitiative/Aktualität des Wissens.

2. Arbeitseinsatz

- Umfang der erzielten Arbeitsergebnisse,
- Intensität der Arbeitsleistung,
- Zeitausnutzung,
- Wirksamkeit,
- Zweckmäßigkeit des Arbeitseinsatzes,
- Kostenbewusstsein,
- Ausdauer bei der Arbeitsleistung,
- Gewandtheit bei besonderen oder schwierigen Aufgaben (Geübtheit, Sicherheit, Wendigkeit).

3. Arbeitsverhalten bei unterschiedlichen Arbeitssituationen

- Verantwortungsbereitschaft,
- Loyalität,
- Überblick/Umsicht,
- Setzen von Prioritäten,
- Planung/Disposition,
- rationelle Vorgehensweise,
- Reaktion in Ausnahmesituationen,
- Aufgeschlossenheit gegenüber Neuem,
- Einsatzbereitschaft,
- Belastbarkeit,
- Flexibilität,

– Engagement,
– Initiative,
– Motivation,
– Entscheidungsfähigkeit,
– Zielstrebigkeit,
– gezeigte Selbstständigkeit.

4. Zusammenarbeit
– Informationsaustausch,
– Weitergabe von Kenntnissen,
– Mitarbeit im Team,
– Bereitschaft zur Zusammenarbeit,
– Einbringen von Erfahrungswerten in die Zusammenarbeit mit anderen Mitarbeitern,
– Integration,
– Darstellung/Ausdrucksvermögen,
– Sozialverhalten,
– Überzeugungsfähigkeit,
– Delegation,
– Einhalten von Absprachen.

Systeme für gewerbliche Mitarbeiter

Um auf dem Arbeitsmarkt konkurrenzfähig zu bleiben, ist es besonders wichtig, die Leistungsfähigkeit der gewerblichen Mitarbeiter im Betrieb zu fördern. Das geschieht durch adäquate Führung und Motivation, aber auch durch leistungsorientierte Beurteilungs- und Entlohnungssysteme. Die Entlohnung besteht aus Grundlohn und variabler Komponente in Form einer prozentualen Prämie. Ausgangspunkt ist das Lohnrahmenabkommen der Metall- und Elektroindustrie. Es wurden Lohngruppen mit Zwischenlohngruppen definiert. Hinter jeder Grundlohngruppe steht eine Referenzbeschreibung, die aus den Beschreibungen des tariflichen Lohnrahmenabkommens von NRW abgeleitet wurde. Besondere Sorgfalt erfolgte bei der über den Tarif hinausgehenden differenzierten Referenzbeschreibung sowie der Qualifizierung von Mitarbeitern aus betrieblichem Bedarf.

Optimierung durch Zwischenlohngruppen

Beispiel: Referenzanforderungen Gruppe 4

Arbeiten, die ein Anlernen von 4 Wochen erfordern. Die Arbeit verlangt eine Qualifikation für ähnliche Tätigkeiten in einem Arbeitsbereich. Die Verantwortung bezieht sich auf die sachgemäße Ausführung der eigenen Arbeit. Mögliche Fehler sind rechtzeitig erkennbar und korrigierbar. Diese Qualifikation kann auch durch betriebliche bzw. außerbetriebliche Qualifizierungsmaßnahmen oder auf andere Weise erworben werden.

Beispiel: Referenzanforderungen der Lohngruppe 10

Arbeiten höchstwertiger Art, die hervorragendes Können mit zusätzlichen theoretischen Kenntnissen, selbstständige Arbeitsausführung und Dispositionsbefugnis im Rahmen des gegebenen Arbeitsauftrages bei besonders hoher Verantwortung erfordern. Komplexe Arbeitsinhalte werden selbstständig geplant und in der erforderlichen Genauigkeit ausgeführt. Die besonders hohe Verantwortung bezieht sich neben der sachgemäßen Ausführung der eigenen Arbeit auf die Dispositionsbefugnis. Mögliche Fehler sind nur mit sehr hohem Aufwand korrigierbar. Führungsaufgaben werden wahrgenommen. Diese Qualifikation kann auch durch betriebliche bzw. außerbetriebliche Qualifizierungsmaßnahmen oder auf andere Weise erworben werden.

Aus den Referenzbeschreibungen abgeleitet werden verschiedene Beschreibungen für die jeweiligen Arbeitsplätze erstellt.

Durch Einführung von Gruppenarbeit, flexiblen Arbeitszeiten, die sich am Kundenauftrag orientieren, sowie neuen Produktionsverfahren ist eine definitive maschinenmessbare Leistungskomponente kaum mehr möglich. Von daher entschieden Unternehmensleitung sowie Betriebsrat, ein Beurteilungsverfahren einzuführen, das den neuen Voraussetzungen entsprach. Man einigte sich in mehreren Sitzungen auf einen Beurteilungsbogen, in dem Zielvereinbarungen und Verhalten beurteilt werden.

Abstimmung zwischen Unternehmensleitung und Betriebsrat

Das Verhalten wird mit fünf Kriterien beurteilt. Arbeitseinsatz, Arbeitsqualität, Arbeitsquantität, Selbstständigkeit und Teamfähigkeit – eine Voraussetzung für Gruppenarbeit. Alle fünf Kriterien wurden genauer beschrieben, um bei der Beurteilung Missverständnisse zu vermeiden. Daraus wurde der eigentliche Beurteilungsbogen abgeleitet, der hier dargestellt wird.

Kriterien der Beurteilung

Leistungsbeurteilung

Name:

						Maximale Punkte

1. Arbeitsqualität
  – Fehlerquote
  – Sorgfalt
  – Genauigkeit						

2. Arbeitsquantität
  – Umfang des Arbeits-
    ergebnisses
  – Menge						

3. Selbstständigkeit
  – Arbeitsplanung
  – Arbeitsausführung
  – Transfervermögen						

4. Teamfähigkeit/ Zusammenarbeit						

5. Arbeitseinsatz
  – Einstellung zur Arbeit
  – Initiative
  – Bereitschaft zu wech-
    selnden Tätigkeiten
  – Sauberkeit/Ordnung
  – Kostenbewusstsein						

						Summe
						: 12
						Entspricht Prämie in %

Abb. 34: Die Leistungsbeurteilung finden Sie auf 💿 unter Verg_Gew.doc.

Die Leistungsprämie kann zwischen 0 % und 40 % zusätzlich zum Grundlohn des Mitarbeiters liegen. Die Erstellung des Beurteilungssystems wurde nicht von einer Stabsfunktion oder einem externen Berater entwickelt, sondern von Mitarbeitern vor Ort sowie dem Betriebsrat. Als Moderator und Koordinator fungierte das Personalressort. So wurden praxisnahe Entwürfe erstellt, die durch die Partizipation der Mitarbeiter eine gute Akzeptanz bei den Anwendern fanden. Außerdem ist eine solche Vorgehensweise Bestandteil der Unternehmenskultur.

40 % Prämie

Partizipation der Mitarbeiter

So knapp die Schilderung des Beurteilungssystems für gewerbliche Mitarbeiter hier ausfallen, so zahlreich waren die Verhandlungen. Ein Hauptgremium bestand aus Unternehmensleitung, Betriebsrat und Gewerkschaft. Verhandlungsführer war das Personalressort mit zwei Mitarbeitern im Gremium. Ein Mitglied der Geschäftsleitung, zuständig für Produktion, sowie der Leiter der Produktion und Leiter der Materialwirtschaft gehörten zur Arbeitgeberseite. Von Seiten der Gewerkschaft war der Regionalsekretär fast immer anwesend. Weiterhin waren der Betriebsratsvorsitzende und sein Vertreter dabei.

Darüber hinaus gab es ein Basisgremium, das aus Anwendern des Beurteilungssystems bestand. Es waren Meister oder Abteilungsleiter der gewerblichen Bereiche, die zusammen mit dem Personalressort als Koordinator praxisbezogene Vorschläge und Konzepte u.a. mit dem Betriebsrat erarbeiteten.

Es wurden alle gewerblichen Mitarbeiter über das neue Beurteilungssystem durch das Personalwesen, die Führungskräfte und den Betriebsrat informiert. Zu diesem Zweck wurden Gruppen von ca. 200 Mitarbeitern gebildet, die an den Präsentationen teilnahmen. Anhand einer Folien-Präsentation in Form von Praxisbeispielen wurde das neue Beurteilungssystem dargestellt. Darüber hinaus konnten anschließend die Mitarbeiter von ihren Vorgesetzten vor Ort noch weitere Informationen erhalten.

Information an Mitarbeiter

Alle Beurteiler wurden offiziell namentlich benannt. Sie wurden von der PE in speziellen Trainings geschult. Inhalt war in einem Training z.B. die Anwendung des Beurteilungsbogens. In einem zweiten Seminar wurde das Mitarbeitergespräch mit all seinen psychologischen Attributen trainiert. Darüber hinaus wurde ein Coaching von der PE für Vorgesetzte und Mitarbeiter eingeführt.

Systeme für spezielle Mitarbeitergruppen

- **Gebietsvertriebsleiter**

  Der Gebietsvertriebsleiter ist verantwortlich für die Durchsetzung der Marktstrategien des Unternehmens. Er ist für die Steuerung, Motivierung, Koordinierung, Information und Kontrolle der Mitarbeiter seiner Vertriebsgruppe des Innendienstes sowie des Außendienstes in seinem Gebiet verantwortlich. Der inländische Markt wurde in mehrere Gebiete aufgeteilt, für die eine entsprechende Anzahl von Gebietsvertriebsleitern zuständig ist. Sie betreuen das ihnen übertragene Gebiet im Sinne einer optimalen Koordination sowohl unternehmensinterner als auch -externer Funktionsabläufe. Der Gebietsvertriebsleiter verantwortet zielorientiertes Handeln in seinem Gebiet zur Vergrößerung und Erhaltung des Marktanteils sowie zur Verbesserung und Erreichung der Umsätze und Deckungsbeiträge. Weiterhin ist er zuständig für die Analyse des Marktes und der Wettbewerber aufgrund vorgegebener Plandaten und operationaler Ziele. Er entwickelt daraus Perspektiven für die weitere Markt- und Produktentwicklung. Die Außendienstler führt er durch eine gemeinsame Zielvorgabe über den Umsatz des folgenden Jahres. Monatlich wird ein Vertriebscontrolling mit Soll-Ist-Vergleich vorgenommen. Falls notwendig, steuert er bei den Außendienstlern entsprechende Maßnahmen ein. Da es sich eher um eine Managementaufgabe handelt, agiert er zu ca. 80% im Unternehmen und 20% vor Ort beim Kunden.

  Er ist der Steuerer und Koordinator aller Vertriebsfunktionen in seiner Region. Sein Gehalt besteht aus einem Fixum und einer variablen Komponente. Wenn das Fixum als 100% betrachtet wird, erhält er zusätzlich Bezüge durch eine variable Komponente, die durch eine Zielvereinbarung und deren Erreichung pro Jahr definiert wird. Sie kann maximal 20% des Jahressalärs ausmachen. Die Zielvereinbarung für Gebietsvertriebsleiter kann wie folgt gestaltet sein:

  - 8% auf Umsatzsteigerung aller Produkte außer spezieller Produktgruppe im eigenen Gebiet,
  - 4% auf Umsatzsteigerung der speziellen Produktgruppe im eigenen Gebiet,
  - 4% auf Gewinnung von Schlüsselkunden,

20% Zielverein-barungs-Prämie

	Variable Gehaltskomponente für Gebietsvertriebsleiter
A. Umsatzsteigerung aller Produktgruppen außer der speziellen, strategischen	
Umsatzziel kommendes Jahr	32.000.000 DM
Umsatz vergangenes Jahr	29.000.000 DM
Maximale Steigerung	3.000.000 DM gleich max. 8 %
Tatsächlich erreichtes Umsatzziel	31.500.000 DM
Tatsächlich erreichte Steigerung	2.500.000 DM
Erreichter Prozentsatz	6,67 %
Jahresfestgehalt des GVL's	120.000 DM
6,67 % des Jahresgehalts	8.000 DM
B. Umsatzsteigerung der speziellen, strategischen Produktgruppe	
Umsatzziel kommendes Jahr	7.000.000 DM
Umsatz vergangenes Jahr	5.000.000 DM
Maximale Steigerung	2.000.000 DM gleich max. 4 %
Tatsächlich erreichtes Umsatzziel	6.400.000 DM
Tatsächlich erreichte Steigerung	1.400.000 DM
Erreichter Prozentsatz	2,80 %
2,80 % des Jahresgehalts	3.360 DM
C. Gewinnung von folgenden Kunden	
Maximale Erreichbarkeit 4 % auf das Jahresgehalt	
Kunde A	2 %
Kunde B	2 %
Erreichter Prozentsatz	4,0 %
4,0 % des Jahresgehalts	4.800 DM
D. Rabatteinhaltung	
Maximale Erreichbarkeit 4 % auf das Jahresgehalt	
0,5 % Rabattsenkung	4 %
Erreichbarer Prozentsatz	4,0 %
4,0 % des Jahresgehalts	4.800 DM
Summe aller Prozentsätze zum Jahresgehalt	20.960 DM
Summe Jahresgehalt	140.960 DM

Abb. 35: Beispiel zur Ermittlung der variablen Vergütungskomponente mit Abrechnung der Zielerreichung

– 4% auf unternehmensgünstige Konditionen (Rabatte, Soll-netto Preise).

Die Zielvorgaben werden am Ende eines Jahres für das kommende Geschäftsjahr zwischen Vorgesetztem und Mitarbeiter vereinbart.

- **Außendienstberater**
  Diese Mitarbeiter sind für erklärungsbedürftige Produkte zuständig, die über eine langandauernde Projektierung betreut werden. Sie sind fast ausschließlich im Außendienst tätig, führen jedoch keine Verkaufsgespräche mit Abschluss eines Kaufvertrages. Das macht nur der zuvor genannte Verkaufsaußendienst. Ihre Verantwortung erstreckt sich auf ein zielorientiertes Handeln im übertragenen Markt- und Projektbereich im Sinne der bestmöglichen Erfüllung der vorgegebenen Projekt- und Produktziele sowie größtmöglicher Kundenorientierung. Dazu gehört, die Marktstellung des Unternehmens im elektronischen Produktbereich zu festigen und auszubauen, bestehende Kunden- und Projektbeziehungen zu pflegen sowie neue Kunden zu gewinnen. Ein intensives Berichtswesen vom Kunden zum Unternehmen zu forcieren, ist eine weitere wichtige Aufgabe. Der Außendienstberater arbeitet vor Ort mit einem Home-office. Ziel der variablen Vergütung ist bei dieser Mitarbeitergruppe die Umsatzsteigerung in der speziellen, strategischen Produktgruppe sowie die Gewinnung von Neukunden für diese Produktgruppe. Hier kann das Jahresgehalt maximal um 20% erhöht werden. Dieses setzt sich wie folgt zusammen:

  – 20% des Jahresgehalts als zusätzliche, variable Gehaltskomponente – davon werden angerechnet:
  – 6% auf Umsatzsteigerung einer speziellen strategischen Produktgruppe im eigenen Gebiet
  – 6% auf Akquisition spezieller Neukunden
  – 4% auf Seminaraktionen
  – 4% auf Verkaufsverhalten, wie Berichtswesen, Wettbewerbsbeobachtung, Unterstützung der anderen Produktgruppen etc.

Transparenz der Vergütung

Dieses Instrument zur Führung mit Zielerreichung und deren erfolgsorientierter Vergütung hat einen transparenten, gerechten

	Variable Gehaltskomponente für Außendienst-Berater
A. Umsatzsteigerung der speziellen Produktgruppe	
Umsatzziel kommendes Jahr	4.500.000 DM exclusiv Preiserh.
Umsatz vergangenes Jahr	3.800.000 DM
Maximale Steigerung	700.000 DM gleich maximaler Prozentsatz von 6%
Erreichtes Umsatzziel	4.300.000 DM
Tatsächlich erreichte Differenz	500.000 DM
Erreichter Prozentsatz	4,29 %
Jahresfestgehalt	115.000 DM
4,29% des Jahresgehalts	4.929 DM
B. Gewinnung von speziellen Kunden	
Maximale Erreichbarkeit 6% auf das Jahresgehalt	
Kunde A	2%
Kunde B	2%
Kunde C	0%
Erreichter Prozentsatz	4,0%
4,0% des Jahresgehalts	4.600 DM
C. Kundenseminare	
Maximale Erreichbarkeit 4% auf das Jahresgehalt	
Kreativität der Seminargestaltung	1,4% – es können max. 2% erreicht werden
Ständige Optimierung der Seminare	1,8% – es können max. 2% erreicht werden
Erreichter Prozentsatz	3,2%
3,2% des Jahresgehalts	3.680 DM
D. Verkaufsverhalten	
Maximale Erreichbarkeit 4% auf das Jahresgehalt	
Berichtswesen	1,6% – es können max. 1% erreicht werden
Wettbewerbsbeobachtung	1,4% – es können max. 1% erreicht werden
Erreichter Prozentsatz	3,0%
3,0% des Jahresgehalts	3.450 DM
Summe aller Prozentsätze zum Jahresgehalt	16.330 DM
Jahresgehalt	131.330 DM

Abb. 36: Beispiel: Zielvereinbarung und Ermittlung variabler Gehaltskomponenten

und motivierenden Effekt und ist auch für leitende Mitarbeiter notwendig, die in einer Beurteilungssystematik häufig stiefmütterlich behandelt werden. Hier hat gerade die PE die Verantwortung, innovative und unternehmensstrategische Personalaspekte zu setzen.

6.2   Vorgesetztenbeurteilung

Top-down versus botton-up Beurteilung

Die Mitarbeiterbeurteilung kann auf eine jahrzehntelange Tradition zurückblicken. Sie stellt eine Beurteilung top-down dar. Wie sieht es jedoch bottom-up aus? Nur wenige Unternehmen leisten sich eine Vorgesetztenbeurteilung, obwohl gerade der Vorgesetzte den entscheidenden Einfluss auf den Mitarbeiter und das Team ausübt.

 Wenn das Führungsverhalten Nachteile aufweist, steigt der Krankenstand, die Fluktuation und innere Kündigung, alles Parameter, die die Leistungsfähigkeit und den Erfolg eines Unternehmens top-down fallen lassen. Daher ist ein bottom-up Feedback unbedingt wichtig.

In der modernen Personalliteratur wird immer häufiger die Vorgesetztenbeurteilung proklamiert. Wenn man nähere Informationen aus den Unternehmen einholt, so stellt man fest, dass sie nur wenige in der Praxis einsetzen. Viele Vorgesetzte scheuen sich bis heute, ein systematisches Feedback über ihr Verhalten einzuholen.

Optimierung der Vorgesetztenqualitäten

Aus Sicht der Autoren spricht das für eine gewisse Führungsunreife und mangelnde Souveränität. Moderne und innovative Führungsstile fordern eine ständige Optimierung der Vorgesetztenqualitäten. Dies ist nur möglich, wenn bekannt ist, was verbessert werden kann. Von daher drängt sich ein Beurteilungssystem für Führungskräfte auf.

Eine Beurteilung des Vorgesetzten fällt so manchem Mitarbeiter schwer. Er ist verunsichert, da er bei negativem Feedback an den Chef mit Nachteilen für sich selber rechnet. Um etwaige Ängste auszuschalten, empfehlen wir, die Beurteilung anonym vorzunehmen. Je nach Wunsch des Mitarbeiters kann er auch seinen Namen in den Beurteilungsbogen eintragen. Souveräne Führungskräfte werden das positiv aufnehmen. Denn die optimale

Anwendung des Beurteilungsbogens besteht nicht nur in seinem Ausfüllen, sondern auch in einem Gespräch, in dem der Mitarbeiter dem Vorgesetzten weitere Erklärungen und Verbesserungsvorschläge gibt. Wichtig ist, dass ein ehrliches Feedback erfolgt und keine soziale Erwünschtheit dominiert.

Feedback-Gespräch

Das Feedback durch den Fragebogen ist der erste Schritt. Der zweite und wesentlichere Schritt ist die Umsetzung von Optimierungsmaßnahmen des Vorgesetzten. Die Autoren praktizieren dieses Feedback selber. Das geschieht wie folgt: Zunächst werden alle beantworteten Fragebogen in einem Bogen mit den arithmetischen Mittelwerten zusammengefasst. Dieses Ergebnis wird in Gesprächen mit den Beurteilern besprochen. Der Vorgesetzte leitet mit den Beurteilern Maßnahmen ab, die zur Optimierung seines Verhaltens führen. Die Mitarbeiter werden aufgefordert, ihm dabei zu helfen. Sobald er von den vereinbarten Zielen abweicht, sollen sie ihm das mitteilen. Dadurch wird gewährleistet, dass die Optimierung als ständige Prozessverfolgung gestaltet wird.

Die Beurteilung wird jedes Jahr einmal vorgenommen und immer mit der des letzten Jahres verglichen, um die Veränderung zu beobachten. Alle beurteilenden Mitarbeiter erhalten jedes Jahr das arithmetische Gesamtergebnis des Bogens ausgehändigt. Durch diesen Kontrollmechanismus ergibt sich eine stärkere Verpflichtung, die vorgenommenen Optimierungen auch einzuhalten. Schließlich ist eine Vorgesetztenbeurteilung auch ein wesentliches Element für eine gute Unternehmens- und Führungskultur. Sie beschleunigt einen erfolgreichen Personalentwicklungsprozess im Unternehmen.

Verpflichtung zur Optimierung

Im Folgenden wird ein erprobtes System skizziert, das sich an den Fragebogen von Knebel/Schneider (1994) anlehnt. Alle Mitarbeiter, die einer Führungskraft unterstellt sind, beurteilen diese.

Verhalten als Vorgesetzter

	+	−
Informiert Sie Ihr Vorgesetzter in Angelegenheiten, die Ihre Arbeit unmittelbar betreffen und damit unmittelbare Auswirkungen auf Ihre Tätigkeit haben?	1 – 2 – 3 – 4 – 5	
Informiert er Sie über allgemeine fachliche und organisatorische Belange, die für die Erledigung Ihrer Arbeiten nützlich sind (Hintergrundinformation)?	1 – 2 – 3 – 4 – 5	
Sagt er Ihnen offen und ehrlich, wie er Ihre Arbeiten beurteilt und was daran gut und weniger gut war?	1 – 2 – 3 – 4 – 5	
Legt er in Pannensituationen das vorrangige Gewicht auf die Beseitigung der Panne und weniger auf die Klärung der Schuldfrage?	1 – 2 – 3 – 4 – 5	
Bereitet er seine Mitarbeiter auf die zu lösenden Aufgaben vor? Gibt er dabei Hilfestellung, klare Informationen?	1 – 2 – 3 – 4 – 5	
Delegiert er qualifizierte Aufgaben, die seinen Mitarbeitern Entfaltungsmöglichkeiten geben?	1 – 2 – 3 – 4 – 5	
Fördert er seine Mitarbeiter, indem er ihnen Möglichkeiten der Weiterbildung anbietet bzw. aufzeigt?	1 – 2 – 3 – 4 – 5	
Erteilt er klare Anweisungen?	1 – 2 – 3 – 4 – 5	
Wie empfinden Sie die Kontrolle hinsichtlich der Arbeitsmenge, der -qualität und den -ergebnissen durch Ihren Vorgesetzten?	1 – 2 – 3 – 4 – 5	
Führt er Kritikgespräche (z.B. nachdem Ihnen ein schwerwiegender Fehler passiert ist) sachlich?	1 – 2 – 3 – 4 – 5	
Erkennt er gute Leistungen an?	1 – 2 – 3 – 4 – 5	
Steht er für eigene Fehler ein?	1 – 2 – 3 – 4 – 5	
Versetzt er sich in die Lage seiner Mitarbeiter, um Ihre Handlungsweisen zu verstehen?	1 – 2 – 3 – 4 – 5	
Fordert er Leistung von seinen Mitarbeitern?	1 – 2 – 3 – 4 – 5	

Abb. 37: Den Fragebogen für die Vorgesetztenbeurteilung finden Sie auf unter Vorg_Beu.doc.

	+				−
Versetzt er seine Mitarbeiter in unnötige Hektik?	1 − 2 − 3 − 4 − 5				
Bevormundet er seine Mitarbeiter in deren Zuständigkeitsbereich?	1 − 2 − 3 − 4 − 5				
Lässt er bei Mitarbeiterbesprechungen freie Meinungsbildungen zu und versucht nicht ständig, seine Auffassung durchzusetzen?	1 − 2 − 3 − 4 − 5				
Gibt er seinen Mitarbeitern bei ihrer Tätigkeit Rückendeckung?	1 − 2 − 3 − 4 − 5				
Ist er auch den Mitarbeitern gegenüber loyal, vertritt er ihre Belange und Vorstellungen nach oben, wenn er sie als richtig anerkannt hat?	1 − 2 − 3 − 4 − 5				

Arbeitsweise

	+				−
Ordnet er Probleme richtig ein, ohne sie zu stark zu vereinfachen oder zu verkomplizieren?	1 − 2 − 3 − 4 − 5				
Trennt er Wesentliches von Unwesentlichem?	1 − 2 − 3 − 4 − 5				
Arbeitet er systematisch?	1 − 2 − 3 − 4 − 5				
Behält er auch bei außergewöhnlichen Arbeitsbelastungen die Übersicht?	1 − 2 − 3 − 4 − 5				
Ist er gegenüber Änderungsvorschlägen seiner Mitarbeiter aufgeschlossen?	1 − 2 − 3 − 4 − 5				

Kreativität und Zusammenarbeit

	+				−
Entwickelt er neue Konzeptionen und Ideen, die der gemeinsamen Arbeit Impulse geben?	1 − 2 − 3 − 4 − 5				
Es kann sein, dass die Arbeit oder Überlegungen zu einem bestimmten Thema vorübergehend in eine Sackgasse geraten sind. Findet Ihr Vorgesetzter dann Ansätze, die Angelegenheit evtl. von einer ganz anderen Seite wieder in Gang zu bringen?	1 − 2 − 3 − 4 − 5				
Versteht er seine Ideen durch Beispiele, Vergleiche oder bildhafte Darstellungen anschaulich zu machen?	1 − 2 − 3 − 4 − 5				

	+ −
Regt er Sie an, neue Ideen zu entwickeln?	1 − 2 − 3 − 4 − 5
Reagiert er bei einem neuartigen Vorschlag, von dem er selbst nicht überzeugt ist, spontan abwehrend, ohne sich die Sache erst einmal entwickeln und vorantreiben zu lassen?	1 − 2 − 3 − 4 − 5
Vertritt er seine Überzeugungen auch nach außen und nach oben engagiert und nachdrücklich?	1 − 2 − 3 − 4 − 5
Hält er guten Kontakt zu anderen Fachbereichen, um auch deren Erkenntnisse in seine Arbeit einzubeziehen?	1 − 2 − 3 − 4 − 5
Versteht er es, in Diskussionen mit unterschiedlichen Standpunkten die Meinung der Beteiligten zusammenzuführen und soweit wie möglich zu einem „gemeinsamen Nenner" zu kommen?	1 − 2 − 3 − 4 − 5
Ändert er unter dem Eindruck guter Argumente seine Meinung?	1 − 2 − 3 − 4 − 5

Soziales Verhalten

Schafft er eine freundliche, entkrampfte Atmosphäre bei Gesprächen mit seinen Mitarbeitern?	1 − 2 − 3 − 4 − 5
Ist er für persönliche Probleme seiner Mitarbeiter aufgeschlossen?	1 − 2 − 3 − 4 − 5
„Verkauft" er Leistungen anderer als eigene Leistungen?	1 − 2 − 3 − 4 − 5

7. Organisation der Personalentwicklung

7.1 Make or buy von PE-Dienstleistung

Personalentwicklung ist eine kostspielige Angelegenheit. Seminare, Coaching, Nachwuchskräfteentwicklung, Auswahlverfahren und vieles andere mehr bedeuten einen großen personellen und organisatorischen Aufwand für Unternehmen. In den achtziger Jahren haben Großunternehmen personalstarke Abteilungen aufgebaut, um alle Aufgaben der Personalentwicklung zu erfüllen. In den neunziger Jahren bekam der Begriff Outsourcing einen hohen Stellenwert. Es wurde analysiert, welche Aufgaben nur im Unternehmen und welche von außerhalb geleistet werden können. Folgende Themen werden heute zumeist in der Verantwortung der PE-Einheit realisiert. Es sind primär Themen, zu deren erfolgreichem Umsetzen ein umfangreiches Insiderwissen oder eine hohe Vertrauensstellung notwendig ist.

Historische Entwicklung der PE

- PE-Bedarfsanalyse,
- Mitarbeiterberatung zur Karriereentwicklung,
- Coaching,
- unternehmensstrategische Themen mit internem Hintergrundwissen,
- KVP der PE,
- Kostenverantwortung der PE-Maßnahmen,
- Erfolgsveranwortung der PE-Maßnahmen,
- Seminare, in denen ein umfangreiches unternehmensinternes Wissen benötigt wird, wie z.B. Leistungsverrechnung im Unternehmen, unternehmensspezifische EDV-Trainings (BDE, PPS),
- Konzepte zur spezifischen Organisationsentwicklung.

Outsourcing empfiehlt sich dort, wo eine Entlastung der PE-Abteilung vorgenommen werden soll oder wo weiterhin die kostengünstigere Lösung eingekauft werden kann. Darüber hinaus ist der Einsatz externer Fachleute interessant, wenn eine neutrale und nicht betriebsblinde Betrachtungsweise erwünscht ist. Es kann auch sein, dass kleine Unternehmen keine eigene PE-Abteilung und Räumlichkeiten besitzen, hier sind externe Bildungsträger prädestiniert. Folgende Themen werden häufig von firmenexternen Einheiten erfüllt:

**Interne
PE-Aufgaben**

- Verhaltens- und methodisch orientierte Seminare wie z.B. Führungs-, Verkaufstrainings und Arbeitstechnik,
- Auswahlverfahren wie Gruppen und Einzelassessment,
- Auditierung der PE,
- Controlling und Benchmarking der PE.

Bei all diesen Maßnahmen ist die Auswahl z.B. der optimalen Trainer relevant. Mit dem richtigen Trainer steht und fällt eine PE-Maßnahme.

7.2 Cost-Center oder Profit-Center

Die Frage, Cost- oder Profit-Center, ist heute ein heißes Thema in der Wirtschaft, das die existentielle Berechtigung der PE-Abteilung begründet oder ablehnt. Die Kosten einer PE-Abteilung sind relativ leicht abbildbar, deren Nutzen so gut wie gar nicht in Zahlen auszudrücken. Von daher wird dieses Thema von PE-Verantwortlichen gerne tief in die letzte Schublade geschoben.

Um sich für ein Cost- oder sogar Profit-Center zu entscheiden, ist zunächst einmal Kostentransparenz notwendig, d.h. alle Kosten müssen erfasst werden:

Kosten der PE

- Personalkosten der PE-Mitarbeiter, externer Berater und PE-Teilnehmer,
- Betriebskosten der internen oder externen Räumlichkeiten und Leasing von Equipment,
- Investitionen für PE-Tools, wie Gebäude und Equipment.

Moderne Unternehmen stellen neben Informationen zu einer PE-Maßnahme, die PE-Inhalte, die Methode und die Kosten per Teilnehmer dar, um die interne PE-Maßnahme mit externen Angeboten vergleichen zu können. Die PE-Verantwortlichen müssen sich mit dem externen Markt messen lassen und ihre Kosten danach ausrichten. Auch hier wird die kundenorientierte PE verlangt. In der Regel wird eine Leistungsverrechnung der Dienstleistung PE in modernen Unternehmen vorgenommen.

Wenn dies alles gegeben ist, bestehen die besten Voraussetzungen für die Etablierung eines Cost-Centers. In den letzten Jahren haben viele größere Unternehmen ihre PE-Abteilung outgesourced. D.h. aus ihr wird eine Bildungs-GmbH gegründet, die ihre Dienstleistung neben dem eigenen Unternehmen auch auf dem externen Markt anbietet. Dabei wird auf die Kosten eine Gewinnspanne gesetzt, die nur vom externen Markt eingeschränkt wird. Aber auch hier gilt es den Fokus nicht ausschließlich auf den Preis zu setzen, sondern die gebotene Leistung gegenüber zu stellen.

Um eine leistungs- und erfolgsorientierte PE zu gestalten, ist das Cost-Center ein unbedingtes Muss. Die Entscheidung für ein Profit-Center ist mehr eine unternehmensstrategische oder gar -politische Entscheidung.

7.3 Zusammenarbeit mit Trainern

Die Nominierung der Auswahl des adäquaten Trainers ist eine entscheidende Aufgabe für die PE. Häufig bleibt es dabei ihren persönlichen, eher subjektiven Kriterien überlassen, Trainer zu wählen. Gerade in den letzten Jahren ist es für PE-Verantwortliche komplizierter geworden, „Spreu vom Weizen" zu trennen. Aus der Enttäuschung von Seminarteilnehmern über einen ungeeigneten Trainer kann für die PE ein schwerer Stand in der eigenen Unternehmung resultieren.

Wahl der Trainer

 Der Erfolg der betrieblichen PE hängt in hohem Maße von der Qualifikation der eingesetzten Berater und Trainer ab. Verfügen sie nicht über das geforderte Wissen und didaktische Fähigkeiten, so kann auch das sorgfältigst geplante Seminar mit mangelndem Erfolg ausgehen.

Für die Wahl eines Trainers existieren kaum differenzierte und umfangreiche Kriterienkataloge. Im Folgenden wird ein Katalog vorgestellt, mit Hilfe dessen der PE-Verantwortliche nunmehr in der Lage sein soll, ein Anforderungsprofil (Soll-Profil) des Trainers für die jeweils geplante Maßnahme erstellen zu können. Darüber hinaus kann ein Qualifikationsprofil (Ist-Profil) erarbeitet werden.

Der seriöse und vor allen Dingen erfolgreiche Trainer akzeptiert den Wunsch des PE-Verantwortlichen eines Unternehmens, ihn vorab an einem seiner Seminare teilnehmen zu lassen. Durch seine Teilnahme kann jeder mit Hilfe des Kriterienkataloges das Qualifikationsprofil ermitteln. Häufig ist es der Fall, dass die Teilnahme an einem Seminar des Trainers vor dessen Engagement nicht möglich ist. In diesem Fall kann der Weiterbilder seine Kollegen in anderen Unternehmungen konsultieren, um Empfehlungen für Trainer zu erhalten, die bei diesen tätig sind.

Qualität der Trainer

Was sind nun die relevanten Kriterien für die Qualität eines Trainers? In der Literatur sind eher vage Definitionen vorherrschend: Die Referenten in der betrieblichen Bildungsarbeit müssen sowohl überzeugende Fachleute als auch gleichzeitig gute Organisatoren und Pädagogen sein. Der Trainer sollte Intelligenz, natürliche Autorität, pädagogisches Wissen, überlegenes Fachwissen, Kenntnisse didaktischer Methoden, Enthusiasmus, positive Einstellung zu den Seminarteilnehmern besitzen. Er muss kooperativ und kontaktfähig sein, Verhandlungs- und pädagogisches Geschick besitzen und als überzeugende Persönlichkeit wirken. Diese exemplarisch aufgeführten Definitionen können nur als Anregungs-Profil dienen.

Im Folgenden werden zwölf Hauptkriterien definiert, die in einem Fragebogen auf ihre Ausprägung in Anforderungs- und Qualifiktions-Profil geprüft werden können. Jedes Kriterium ist in Unterkriterien unterteilt und genauer beschrieben. Pro Unterkriterium ist eine fünfstufige Rating-Skala vorhanden, die Beurteilungen von „trifft gar nicht zu" bis zu „trifft vollkommen zu" zulässt. Im Anschluss werden die Haupt- und ihre Unterkriterien näher beschrieben. Gleichzeitig sind sie durch Numerierung im Text markiert, damit sie im Kriterienkatalog weiter unten leichter erkannt werden können.

Die Hauptkriterien werden durch folgende Aspekte gebildet:

1. Lernziel
2. Fachwissen
3. Lehrmethode
4. Lehrmedien
5. Emotionales Verhalten
6. Rationales Verhalten
7. Rhetorik/Gestik
8. Selbstsicherheit

9. Motivierung
10. Umgang mit Teilnehmern
11. Lernklima
12. Resümee

**Kriterien der
Trainerqualität**

Eine bedeutsame Aufgabe ist die konsequente Verfolgung des Lernziels (1) seitens des Trainers. Er muss von vornherein mit Klarheit (1.1) die Lernziele den Teilnehmern aufzeigen und definieren. Durch adäquate Planung (1.2) setzt er Ordnungskriterien ein und macht sie transparent. Vom Grobziel geht er zum Feinziel über. Darüber hinaus sollte er ständig die aktuelle Zielerreichung kontrollieren (1.3), indem er den Teilnehmern ihren jeweiligen Wissensstand in Beziehung auf das Lernziel rückmeldet.

Ein weiteres Kriterium ist das Fachwissen (2) des Trainers. Seine Kompetenz (2.1) sollte sich darauf begründen, dass sich die Kenntnis seines Fachgebietes auf dem aktuellsten Stand befindet und er neueste Erkenntnisse in das Seminar einfließen lässt. Sein Wissen muss er flexibel (2.2) anwenden können, wobei es notwendig ist, sich dem Wissen der Teilnehmer anzupassen. Der Praxisbezug (2.3) des Fachwissens muss klar hervortreten. Der Trainer muss Theorie und Praxis verbinden können und mit den Teilnehmern Möglichkeiten der Anwendung des erlernten Wissens entwickeln. Dabei sollte er plastische Bilder benutzen. Der Trainer besitzt ein fachübergreifendes Wissen (2.4). Er zieht Erkenntnisse anderer Fachrichtungen heran, wobei er nicht speziell auf eine fixiert ist. Sein Fachwissen setzt er bedarfsorientiert (2.5) ein. Ausgangspunkt sind konkrete Probleme, Mangelerfahrungen und Konflikte der Teilnehmer. Diese Ausgangsbasis eruiert er und greift die fachlichen Bedürfnisse der Teilnehmer auf. Dabei kann er eigene breitgestreute, praktische Erfahrungen (2.6) einbringen.

Als wichtiger Aspekt des Trainerverhaltens gilt sein Umgang mit den Lehrmethoden (3). Dabei kann weder die eine noch die andere als die optimale präferiert werden. Entscheidend ist die adäquate Anwendung einer der Lehrsituation entsprechenden Methodenvielfalt (3.6). Als Alternativmethoden stehen der Vortrag (3.1), die Lehrdiskussion (3.2), die Gruppenarbeit (3.3), die Fallstudie (3.4) und das Rollenspiel (3.5) zur Verfügung. Die persönliche Arbeitsorganisation (3.7) des Trainers dokumentiert sich durch die Einhaltung der Seminarzeiten und der vollständigen Bearbeitung des gesamten, geplanten Inhalts. Der Referent sollte jederzeit Überblick über Zeit und Inhalt besitzen. Der Trainer ist mehr Moderator und Koordinator als traditioneller Lehrer und Kontrolleur. Dadurch kommt eine indirekte Steuerung von Kommunikations- und Interaktionsprozessen als direkte Lehrfunktion zustande. Diese Teilnehmerzentriertheit (3.8) fördert Selbstständigkeit, eigene Aussagen, Meinungen und Gedanken der Teilnehmer. In diesem Kontext wird soziales Lernen (3.9) ermöglicht. Den Teilnehmern wird, stimuliert durch den Trainer, soziale Anerkennung und Akzeptanz durch die Lerngruppe verschafft. Er fördert dabei die Interaktion und Kommunikation unter den Teilnehmern.

Methodenvielfalt

Um das Trainerverhalten weiter operational in Detailaspekte zu differenzieren, wird sein Einsatz von Lehrmedien (4) focussiert. Dazu gehören die Tafel (4.1), die Flip-Chart (4.2), die Magnettafel (4.3), der Overhead-Projektor bzw. Beamer (4.4), die Audio- (4.5) und Video-Geräte (4.6). Wie auch beim Einsatz der Lehrmethoden gilt der Umgang mit der Medienvielfalt und deren Wechsel (4.7) als effizienteste Maßnahme.

Emotionales Trainer-Verhalten

Neben den bisher geschilderten, eher kognitiven Aspekten des Trainers muss sein emotionales Verhalten (5) differenziert beleuchtet werden. Die Wirkung der Persönlichkeit (5.1) des Referenten ist von entscheidender Bedeutung für seinen Erfolg im Seminar. Er soll freundlich, sympathisch und entgegenkommend sein. Seine Selbstkontrolle (5.2) ist ausgeprägt. Er darf nicht auf verbale Angriffe von Teilnehmern aggressiv, ironisch oder zynisch reagieren. Darüber hinaus soll er seinerseits bei ihnen keine Spannungen und Aggressionen erzeugen.

Das rationale Verhalten (6) wird durch zwei Kriterien differenziert betrachtet. Zum einen soll der Trainer sich durch abstraktes und analytisches Denken (6.1) auszeichnen. Gemeinsamkeiten mehrerer Sachverhalte erkennt er sofort. Dabei leitet er Regeln aus der Betrachtung von Einzelfällen ab, wie er auch allgemeine Regeln auf Einzelfälle anwendet. Andererseits wird kombinatorisches Denken (6.2) als Selektionskriterium gefordert. Der Trainer soll in der Lage sein, Daten auf neuartige Weise zu kombinieren und Alternativen zu entwickeln.

Als primäres Medium des Wissen gilt die Sprache. Daher muss die Rhetorik (7) des Trainers bewertet werden. Seine Sprache und

Formulierungen (7.1) sollen flüssig und gut zu verstehen sein. Seine Sätze sind übersichtlich und seine Aussagen so, dass keine Rückfragen nötig werden. Der Sprachgebrauch (7.2) ist für die Teilnehmer adäquat gewählt. Die Rhetorik wird durch die Einfachheit seiner Sprache (7.3) charakterisiert. Er gebraucht anschauliche, konkrete und geläufige Wörter.

Der Selbstsicherheit (8) des Trainers kommt eine besondere Bedeutung zu. Er benötigt eine adäquate Durchsetzungsfähigkeit (8.1). So darf er nicht das Ziel des Seminars aus den Augen verlieren, d.h. ein „Abdriften" vom Thema zulassen. Parallel dazu muss Selbstvertrauen (8.2) vorhanden sein, um bei Rückschlägen und kritischen Einstellungen der Teilnehmer nicht aufzugeben. Wenn er sich überzeugen lässt, dann nur von Fakten und rationalen Argumenten und nicht durch die Dominanz von Teilnehmern.

Der Trainer muss die Teilnehmer motivieren (9) und begeistern, und zwar im Hinblick auf die Erreichung des Lernziels, nicht als Entertainer.

Begeisterungsfähigkeit des Trainers

Motivierung der Teilnehmer wird u.a. durch den Umgang (10) mit ihnen geprägt. Der Trainer sollte Kontakte (10.1) entwickeln, indem er von sich aus auf die Teilnehmer zugeht. Dabei legt er Ziele, Absichten und Methoden seines Verhaltens offen. Er bringt den Teilnehmern Vertrauen entgegen und setzt Mittel der Kooperation (10.2) ein. So greift er Ideen anderer auf und führt sie mit den Teilnehmern gemeinsam weiter. Aus thematischen Schwierigkeiten hilft er heraus. Er setzt sich nicht auf Kosten von Teilnehmern durch und benutzt keine Pressionen und Machtmittel. Der Trainer ist in der Lage, Probleme optimal zu lösen (10.3). Er erkennt, wo und wie Konflikte im Seminar entstehen und strebt Lösungen an. Dabei richtet er unterschiedliche und konkretisierende Interessen der Teilnehmer auf ein Ziel aus. Durch seine Flexibilität (10.4) kann er sich auf unterschiedliche Persönlichkeiten einstellen. Er stellt auch ein Vorbild bzw. Modell (10.5) für das dar, was er vermittelt.

Das Lernklima (11) ist locker und entspannt gestaltet. Der Trainer ist humorvoll, ohne Lehrerkarikatur zu sein. Resümee (12) ist, dass die Lernerwartungen der Teilnehmer gegen Ende des Seminars erfüllt sind.

Im Folgenden wird der Kriterienkatalog, der als Anforderungs- und Qualifikationsprofil eingesetzt werden kann, dargestellt. Bei seiner skizzierten Anwendung hilft er zur Optimierung der Referentenselektion und somit auch zur Steigerung einer effizienten Weiterbildung.

Beurteilungsbogen für Trainer					
	Zutreffendes bitte ankreuzen!				
	trifft gar nicht zu	trifft nur gering zu	trifft teilweise zu	trifft häufig zu	trifft vollkommen zu
1. Lernziele					
1.1 Klarheit – Lernziele und Erwartungen an die Teilnehmer sind klar definiert	1	2	3	4	5
1.2 Planung – setzt Ordnungskriterien ein bzw. sucht sie/macht sie sichtbar – geht gegliedert vor – stimmt verschiedene Arbeitsabläufe aufeinander ab	1	2	3	4	5
1.3 Kontrolle/Rückmeldung – überprüft Zielerreichung	1	2	3	4	5
2. Fachwissen					
2.1 Fachliche Kompetenz – ist fachlich auf dem neuesten Stand – stellt neuere Erkenntnisse vor	1	2	3	4	5
2.2 Flexibilität des Wissens – kann sein Wissen flexibel handhaben – passt das Wissen Personen/Situationen an	1	2	3	4	5

Abb. 38: siehe auf ⊙ unter Beurt_Tr.doc.

		Zutreffendes bitte ankreuzen!				
		trifft gar nicht zu	trifft nur gering zu	trifft teil- weise zu	trifft häufig zu	trifft voll- kommen zu
2.3	Praxisbezug – kann Verbindungen zwischen seinem theoretischen Wissen und der Praxis der Teilnehmer herstellen – entwickelt mit Teilnehmern Möglichkeiten der Anwendung des gelernten Wissens – benutzt plastische Bilder, Vergleiche	1	2	3	4	5
2.4	Fachübergreifendes Wissen – zieht Erkenntnisse anderer Fachrichtungen heran – ist auf keine vorgegebenen Fachrichtungen fixiert	1	2	3	4	5
2.5	Fachliche Bedarfsorientiertheit – Ausgangspunkt sind konkrete Probleme, Mangelerfahrungen, Konflikte der Teilnehmer – ermittelt von sich aus fachliche Bedürfnisse, Probleme usw. der Teilnehmer – greift fachliche Bedürfnisse der Teilnehmer auf – geht vom Vorwissen der Teilnehmer aus	1	2	3	4	5
2.6	Erfahrungen – hat praktische Erfahrungen auf seinem Fachgebiet – Eigenerfahrungen sind breit gestreut	1	2	3	4	5

| | | Zutreffendes bitte ankreuzen! | | | | |
		trifft gar nicht zu	trifft nur gering zu	trifft teil- weise zu	trifft häufig zu	trifft voll- kommen zu
3.	**Lehrmethode**					
3.1	Vortrag	1	2	3	4	5
3.2	Lehrdiskussion	1	2	3	4	5
3.3	Gruppenarbeit	1	2	3	4	5
3.4	Fallstudien	1	2	3	4	5
3.5	Rollenspiele	1	2	3	4	5
3.6	Methodenvielfalt und -wechsel – Methoden sind für die jeweiligen Situationen optimal und wirken nicht ,aufgesetzt'	1	2	3	4	5
3. 7	Arbeitstechnik – hält Zeiten ein – bearbeitet den gesamten Inhalt, der geplant war – besitzt Überblick	1	2	3	4	5
3.8	Teilnehmerzentrierung – Weiterbildner ist mehr Moderator und Koordinator als Lehrer oder Kontrolleur – Weiterbildner nimmt mehr indirekte (Steuerung von Kommunikations- und Interaktionsprozessen) als direkte Lehrfunktionen wahr – Förderung der Selbstständigkeit, der eigenen Aussagen, Meinung und Gedanken der Teilnehmer	1	2	3	4	5
3.9	Soziales Lernen – Teilnehmern wird soziale Anerkennung und Akzeptanz durch die Lerngruppe und den Weiterbildner verschafft	1	2	3	4	5

	Zutreffendes bitte ankreuzen!				
	trifft gar nicht zu	trifft nur gering zu	trifft teil- weise zu	trifft häufig zu	trifft voll- kommen zu
– Interaktion und Kommunikation unter den Teilnehmern wird ge- fördert					
4. Lehrmedien					
4.1 Tafel	1	2	3	4	5
4.2 Flip-Chart	1	2	3	4	5
4.3 Magnettafel/Karten	1	2	3	4	5
4.4 Overhead-Projektor	1	2	3	4	5
4.5 Audio-Geräte	1	2	3	4	5
4.6 Videogeräte	1	2	3	4	5
4.7 Medienvielfalt und -wechsel	1	2	3	4	5
– Medieneinsatz ist optimal und abwechslungsreich					
– weder zu wenig verschiedene Medien, noch ein reines ‚Me- dienfeuerwerk'					
5. Emotionales Verhalten					
5.1 Persönlichkeitswirkung	1	2	3	4	5
– wirkt freundlich, sympathisch und entgegenkommend					
5.2 Selbstkontrolle	1	2	3	4	5
– reagiert auf Angriffe nicht ag- gressiv					
– wird nicht ironisch, zynisch					
– erzeugt bei anderen keine Span- nungen/Aggressionen					
6. Rationales Verhalten					
6.1 Abstraktes und analytisches Den- ken	1	2	3	4	5
– erkennt Gemeinsamkeiten zwi- schen mehreren Sachverhalten					

	Zutreffendes bitte ankreuzen!				
	trifft gar nicht zu	trifft nur gering zu	trifft teil- weise zu	trifft häufig zu	trifft voll- kommen zu
– leitet allgemeine Regeln aus der Betrachtung von Einzelfällen ab – wendet allgemeine Regeln, Ziele auf Einzelfälle an					
6.2 Kombinatorisches Denken – Kombiniert vorhandene Daten in neuartiger Weise – entwickelt Alternativen	1	2	3	4	5
7. Rhetorik					
7.1 Sprache und Formulierung – ist akustisch zu verstehen – formuliert flüssig – Sätze sind übersichtlich – Aussagen sind so, dass keine Rückfragen nötig sind	1	2	3	4	5
7.2 Sprachgebrauch – benutzt eine den Teilnehmern adäquate Sprache	1	2	3	4	5
7.3 Einfachheit der Sprache – benutzt eine einfache verständliche Ausdrucksweise – gebraucht anschauliche, konkrete und geläufige Wörter	1	2	3	4	5
8. Selbstsicherheit					
8.1 Durchsetzung – verliert Ziel nicht aus den Augen/erinnert an Ziel	1	2	3	4	5
8.2 Selbstvertrauen – gibt bei Rückschlägen nicht auf – lässt sich von Fakten/Sachverhalten, nicht von der Persönlichkeit anderer beeinflussen	1	2	3	4	5

	Zutreffendes bitte ankreuzen!				
	trifft gar nicht zu	trifft nur gering zu	trifft teil- weise zu	trifft häufig zu	trifft voll- kommen zu
9. Motivierung					
9.1 Motivation – Trainer versteht es, die Teilneh- mer zu motivieren und zu be- geistern – Motivation/Begeisterung gilt der fachlichen Weiterbildung und nicht dem Trainer in seiner Rolle als Entertainer	1	2	3	4	5
10. Umgang mit Teilnehmern					
10.1 Kontakte – geht von sich auf andere zu – legt Ziele/Absichten/Methoden seines Verhaltens offen – bringt anderen Vertrauen entge- gen	1	2	3	4	5
10.2 Kooperation – greift andere Meinungen/Ideen auf und führt sie gemeinsam mit Teilnehmern weiter – hilft aus Schwierigkeiten – setzt sich nicht auf Kosten ande- rer durch – setzt keine Pressionen/Macht- mittel ein	1	2	3	4	5
10.3 Problemlösung – erkennt wo und wodurch Kon- flikte entstehen und strebt Lö- sungen an – richtet unterschiedliche/konkur- rierende Interessen auf ein Ziel aus	1	2	3	4	5

| | Zutreffendes bitte ankreuzen! | | | | |
	trifft gar nicht zu	trifft nur gering zu	trifft teil- weise zu	trifft häufig zu	trifft voll- kommen zu
– wird mit Konflikten mit Teil- nehmern fertig					
10.4 Flexibilität	1	2	3	4	5
– kann sich auf verschiedene Menschentypen einstellen (Que- rulanten, Skeptiker usw.)					
– passt sich Partnern/Situationen im Ausdruck an					
10.5 Modellverhalten	1	2	3	4	5
– Trainer ist ein gutes Modell für das, was er im Seminar vermit- telt					
11. Lernklima	1	2	3	4	5
– Trainer kann gelockertes Lern- klima herstellen					
– ist humorvoll ohne Lehrerkari- katur zu werden					
12. Resümee					
12.1 Erfüllung und Erwartungen	1	2	3	4	5
– die Erwartungen der Teilnehmer an das Seminar wurden erfüllt					

7.4 Assessment-Center

In diversen Unternehmen werden heute Assessment-Center (kurz
AC) zur Personalentwicklung eingesetzt. Im Folgenden wird ein
spezielles AC-Konzept skizziert, das so entwickelt wurde, dass es
nicht nur Spezialisten, wie beispielsweise Psychologen oder Personalberater mit entsprechender Fachkompetenz, anwenden können. Dieses AC soll nicht als „Experteninstrument" für die Anwendung von „Experten" Geltung haben.

Unter AC versteht man ein systematisches Verfahren, das zur
qualifizierten Feststellung von Verhaltensleistungen bzw. Verhal-
tensdefiziten dient. Mehrere Beobachter geben in Bezug auf vorher definierte Anforderungen parallel Bewertungen über mehrere Teilnehmer ab. Die Vorteile des ACs liegen zum einen darin,
dass es ein optimales Maß an Lebensnähe und Realismus in den
Auswahlprozess einbringt. Zum anderen misst es tatsächliches Verhalten, insbesondere Sozialkompetenz, und es berücksichtigt die
Dynamik des Arbeitsplatzes, gegenseitige Abhängigkeiten sowie
Interaktionen. Des weiteren werden Talente, Charakteristika und
Neigungen durch die Vielzahl der Techniken und durch das Vorhandensein mehrerer Bewerber valider, reliabler identifiziert und
gemessen.

Vorteile des AC

Langzeituntersuchungen zeigen, dass ACs valide Urteile über
zukünftiges Arbeitsverhalten erlauben. Überlässt man die Auswahl
von Nachwuchs- oder Führungskräften dem Zufall, so beträgt die
Wahrscheinlichkeit, eine leistungsmäßig überdurchschnittliche
Kraft auszuwählen, 15 Prozent. Werden Nachwuchs- oder Führungskräfte über den Vorschlag der Vorgesetzten bestimmt, erhöht
sich diese Wahrscheinlichkeit auf 35 Prozent. Wird dieser Vorschlag und das AC kombiniert, so beträgt die Wahrscheinlichkeit
76 Prozent. Es wurde in zahlreichen Untersuchungen festgestellt,
dass sich das AC durch eine hohe Reliabilität auszeichnet. Auch
die Validität des Verfahrens kann als hoch betrachtet werden.

**Systematische
Auswahl durch AC**

Heutzutage gibt es nicht mehr das „AC", sondern verschiedene
Systeme des ACs. Besonders ökonomische Gründe führten dazu,
dass moderne ACs kürzer abgehalten werden als zu Zeiten der
Einführung dieser Methode in die Wirtschaft. Einst dauerte ein
AC zwischen 3 und 5 Tagen. Moderne Verfahren benötigen zum

Teil nur noch einen Tag. Sie werden beispielsweise als „Berater-tag" oder als „Beurteilungs- bzw. Erfahrungsseminar" bezeichnet. Einst nahmen zwölf bis 15 Personen an einem AC teil. Heute werden auch Einzel-ACs durchgeführt.

Pragmatismus des AC

Im Folgenden wird ein AC vorgestellt, das nur einen Tag in Anspruch nimmt. Neben den methodischen Aspekten der Validität, Reliabilität und Objektivität stehen Ökonomie und Rationalität im Vordergrund. Die beiden letztgenannten Aspekte sind besonders wichtig, da diverse Anwendungen von ACs gar nicht erst zustande kommen, weil die Methode in ihrer traditionellen Form ausgesprochen kostenintensiv ist.

ACs zeigen den größten Nutzen bei der Auswahl von Mitarbeitern, die sich für eine Position in einer Unternehmung erstmalig bewerben. In diesem Sinn wurde ein AC entwickelt und geprüft, das geeignete Bewerber für Traineeprogramme in einer Großunternehmung auswählt.

Folgende Aspekte, die bereits zum Teil weiter oben diskutiert worden sind, finden besondere Berücksichtigung:

Verhalten und emotionale Intelligenz

- **Verhaltensorientierung des ACs:** Die Teilnehmer von ACs sind qualifizierte Kräfte von Facharbeitern bis Akademiker. Es wird bei ihnen weniger die Fach- als primär die Sozialkompetenz und emotionale Intelligenz focussiert.

  Die wirtschaftlichen Tatsachen sind eindeutig: Firmen, die stark auf emotionale Intelligenz setzen, haben ein messbar höheres Betriebsergebnis.
  Daniel Goleman

- **Methodenvielfalt:** Eine Methodenvielfalt wird angestrebt, indem drei verschiedene Aufgaben von den Bewerbern bearbeitet werden müssen.

- **Vergleichbarkeit der Teilnehmer:** Ca. acht Bewerber nehmen am AC teil. Alle führen dieselben Aufgaben aus. Dadurch ist eine Vergleichbarkeit der Kandidaten gewährleistet.

- **Mehrfachbeurteilung:** Dem beschriebenen AC sitzen vier Beurteiler bei. Sie stammen teilweise aus den Fachbereichen, für die Bewerber vorgesehen sind. Bei diesen Beurteilern handelt es sich um Führungskräfte der zweiten Ebene eines Unternehmens. Sie sind der Geschäftsleitung direkt unterstellt. Weitere Beurteiler sind Führungskräfte des Personalwesens. Durch die Beteiligung von Führungskräften als Beurteiler wird zugleich deren Akzeptanz dem AC gegenüber gefördert. Ein weiterer Mitarbeiter des Personalwesens moderiert das AC. Vor der Implementierung des ACs werden die Beurteiler durch ihn über ihre Aufgaben informiert. Darüber hinaus ist es die Aufgabe des Moderators, das AC zu leiten, den Kandidaten die Aufgaben zu erklären, die direkte Betreuung der Kandidaten vorzunehmen sowie das Einhalten der zeitlichen Vorgaben zu sichern.

Akzeptanz des AC

- **Standardisierte Beurteilungskriterien:** Damit eine Vergleichbarkeit der Bewertungen der Beobachter gegeben ist, werden zwei standardisierte Beurteilungsbögen entwickelt. Sie dienen den Beobachtern auch als Hilfe zur rationellen Handhabung der Bewertung.

- **Ökonomie:** Der ökonomische Vorteil des beschriebenen Verfahrens skizziert sich wie folgt: An dem sechsstündigen AC nehmen acht Bewerber teil. Als Alternative zu dieser Methode wurden einst traditionelle Vorstellungsgespräche geführt. Bei acht Bewerbern werden dafür ca. 20 Stunden benötigt. Es nahmen in der Regel drei Vertreter des Unternehmens an dem Gespräch teil. Die Kosten der hier geschilderten ACs betragen weniger als 50 % der traditionellen Einstellungsmethode.

Bewerber für ein PE-Programm werden von der PE nach Vorauswahl zu dem AC eingeladen. Die Veranstaltung findet im Unternehmen statt. Zu Beginn werden ihnen der zeitliche und inhaltliche Ablauf durch den Moderator erläutert.

Der Moderator und die Beobachter stellen sich den Kandidaten vor. Ersterer erklärt die Funktion der Beobachter im AC. Diese Einführung nimmt ca. eine dreiviertel Stunde in Anspruch. Hier, wie auch im folgenden Verlauf, ist es die Aufgabe des Moderators, auf die Zeiteinhaltung zu achten.

Beispiel: Zeitablauf des Programms

9.00–9.30 Uhr   Vorstellung der Veranstaltung
                       (Personalwirtschaft)

9.30–9.45 Uhr   Teilnehmer bereiten sich einzeln
                       auf die eigene Präsentation vor.

9.45–11.30 Uhr   **Aufgabe I:**
                       Teilnehmer stellen sich der Gruppe vor
                       und beschreiben ihre Entwicklungsziele
                       und wie sie sie umsetzen wollen. Die Be-
                       obachter und anderen Teilnehmer stellen
                       nach Bedarf Fragen.

11.30–12.00 Uhr   Grobvorstellung der zu besetzenden
                       Stellen und Aufgaben (Anfordernde Berei-
                       che)

12.00–12.45 Uhr   Mittagessen

12.45–13.00 Uhr   Vorbereiten auf Fallbeispiele

13.00–13.45 Uhr   **Aufgabe II:**
                       Eigene Lösungsdarstellung des Fallbeispiels

13.45–14.15 Uhr   **Aufgabe III:**
                       Diskussion und gemeinsame Lösungsfin-
                       dung des Fallbeispiels

14.15- 15.30 Uhr   Einzelgespräche und Vorstellung des PE-
                       Programms (Personalwirtschaft und anfor-
                       dernde Bereiche)

Im Anschluss daran erklärt der Moderator Aufgabe I. Die Kandidaten sollen sich innerhalb einer Viertelstunde in einem Nach-
barraum darauf vorbereiten, sich dem Plenum zu präsentieren.
Um die Vergleichbarkeit und Standardisierung dieser Vorstellung
zu gewährleisten, verteilt der Moderator einen Leitfaden. Während der Vorbereitungszeit steht der Moderator den Kandidaten
bei Fragen zur Verfügung. Anschließend werden die Kandidaten
ins Plenum gebeten und präsentieren sich einzeln. Jedem Kandi-

daten stehen dafür circa 20 Minuten zur Verfügung. Nach Abschluss der Vorstellungsaufgaben bewerten die Beobachter die Kandidaten auf einem speziell entwickelten, standardisierten Fragebogen. Die Bewertung erfolgt mit Hilfe einer fünfstufigen Rating-Skala, wie sie sich in der betrieblichen Praxis bewährt hat (Olesch, 1997). Jeder Kandidat wird über die drei Kriterien bewertet.

Kriterienbogen: Selbstpräsentation					
1. Rhetorik Spricht flüssig und verständlich	1–2–3	1–2–3	1–2–3	1–2–3	1–2–3
2. Selbstsicherheit Erscheint im Auftreten sicher; Behält Übersicht, wirkt beherrscht	1–2–3	1–2–3	1–2–3	1–2–3	1–2–3
3. Fachwissen Schilderung der bisherigen Tätigkeit	1–2–3	1–2–3	1–2–3	1–2–3	1–2–3
Sonstige Kommentare:					

Es folgt die Bearbeitung eines Fallbeispiels. In diesem werden Führungs- oder Arbeitsprobleme geschildert. Dafür sollen Lösungen von den Kandidaten erarbeitet werden. Das Fallbeispiel ist derart gestaltet, dass keine Ideallösung gefunden werden kann. Ziel ist es, Strategien und Argumente zur Lösung zu finden. Bei dieser Aufgabe steht also nicht die Lösung im Mittelpunkt des Interesses, sondern der Weg bzw. die Vorgehensweise.

Fallbeispiele im AC

Wieder erhalten die Kandidaten eine Viertelstunde Zeit, um allein eine Lösung zu erarbeiten. Im Anschluss daran trägt jeder Bewerber im Plenum „seine Lösung" vor. Ihm stehen dreieinhalb Minuten zur Verfügung.

Aufgabe I

Aufgabe/Fallbeispiel (Produktmarketing)

Sie sind als Ingenieur/in im Produktmarketing verantwortlich für die Einführung eines neuen Produktes, das kurz vor der Fertigstellung in den Markt steht.

Bitte erarbeiten Sie ein Grobkonzept für die Aktivitäten, die eingeleitet und verfolgt werden müssen. Ihnen stehen **10 Minuten** Vorbereitungszeit zur Verfügung.

Anschließend präsentieren Sie bitte Ihr Grobkonzept und Ihre Vorgehensweise dem Plenum **(ca. 5 Minuten)**.

Aufgabe II

Aufgabe/Fallbeispiel: Entwicklung Elektronik

Sie stehen als Elektronik-Entwickler vor der Aufgabe, ein Gerät für den industriellen Einsatz zu entwickeln, das in der Lage sein soll, einfache logische Verknüpfungen durchzuführen. Es sollen acht binäre Prozesssignale von dem Steuerungsmodul erfasst werden und nach entsprechenden schaltalgebraischen Gleichungen zu Ausgangssignalen verknüpft werden. Es sind fest vier verschiedene Verknüpfungsgleichungen vorgegeben, die über Schalter am Gerät ausgewählt werden können. Es liegt in Ihrem Ermessen, die Funktionalität dieses Gerätes durch eine reine Hardwarelösung oder durch eine Softwarelösung, mit einem Mikroprozessor, zu realisieren.

Welche Randbedingungen (Kosten, Stückzahlen, Entwicklungszeit) haben Einfluss auf Ihre Entscheidungsfindung?

Für welchen Lösungsweg würden Sie sich entscheiden?

Begründen Sie die Vor- und Nachteile dieser Lösung.

Ihnen stehen **10 Minuten** Vorbereitungszeit zur Verfügung. Präsentieren Sie dann bitte Ihre Lösung dem Plenum **(ca. 5 Minuten)**.

Aufgabe III

Als dritte Aufgabe sollen sich die Kandidaten in der Gruppe auf „eine Lösung" einigen. Dafür werden 30 Minuten angesetzt. Während bei Aufgabe II die Argumente einzeln im Vordergrund stehen, wird in Aufgabe III das Überzeugungs- und Durchsetzungsverhalten in der Gruppe focussiert.

Kriterienbogen: Fallbeispiel					
1. Überzeugungskraft Setzt stichhaltige Argumente und Logik ein; überzeugt durch Gesagtes	1–2–3	1–2–3	1–2–3	1–2–3	1–2–3
2. Durchsetzungsfähigkeit Kann sich in der Diskussion behaupten; setzt seine Stimmstärke und Gestik gezielt ein	1–2–3	1–2–3	1–2–3	1–2–3	1–2–3
3. Ausdauer Gibt bei Misserfolg nicht auf; versucht seine Überzeugung weiterhin einzubringen; zeigt Ausdauer	1–2–3	1–2–3	1–2–3	1–2–3	1–2–3
4. Entscheidungsfähigkeit Wägt Vor- und Nachteile ab und fällt dann eine Entscheidung konsequent	1–2–3	1–2–3	1–2–3	1–2–3	1–2–3
5. Soziales Verhalten Zeigt Verhalten der Zusammenarbeit; überlegt und akzeptiert Meinungen anderer; gibt Informationen weiter; versucht Anspannungen in der Gruppe zu reduzieren	1–2–3	1–2–3	1–2–3	1–2–3	1–2–3
Sonstige Kommentare:					

Der Vorstellungstreff wird mit dem Hinweis des Moderators beendet, dass nach circa einer Woche die Bewerber einen Bescheid über Einstellung oder Ablehnung erhalten werden. Die Bewer-

EDV-Unterstützung
tungsbögen der Beobachter werden vom Moderator einbehalten, um sie mit Hilfe eines speziell entwickelten EDV-gestützten Verfahrens auszuwerten.

- **1. Phase:** Die Beurteilungen der vier Beobachter werden für jeden Kandidaten über alle neun Kriterien separat, EDV-gestützt ausgewertet. So erhält man den Mittelwert eines jeden Kandidaten über die neun Kriterien. Um die Reliabilität des Messinstrumentes bzw. des Kriterienbogens zu ermitteln, wird die Korrelation der Bewertungen der Beobachter vorgenommen. Der Korrelationseffekt beträgt bei dem beschriebenen AC in der Regel 0,81, was eine hohe Reliabilität bestätigt.

- **2. Phase:** Die in der 1. Phase ermittelten Mittelwerte werden in eine zweite Summendatei übernommen. Es werden hier alle Bewertungen eines jeden Kandidaten aufsummiert und zu einem weiteren Mittelwert zusammengefasst.

- **3. Phase:** Die Gesamtbeurteilung wird als Entscheidungskriterien für die Aufnahme bzw. Ablehnung des jeweiligen Kandidaten zum Nachwuchskräfte-Programm genommen.

Das hier skizzierte AC stellt ein rationelles und objektives Instrument dar, das gegenüber dem traditionellen und umfangreicheren AC mit einem geringeren Aufwand eine hohe Effizienz erreicht. Daher kann es günstig in moderne Konzeptionen von Personalentwicklung eingebaut werden.

8. Unternehmens- und Führungskultur

Von Technologiebetrachtung zu Unternehmenskultur

Zentrale Themen in der Diskussion von Industrieunternehmen waren in den sechziger und siebziger Jahren neue Technologien sowie Produktinnovationen. Diese Jahrzehnte waren geprägt von umfangreichen Einstellungsschüben. Arbeitslosigkeit war in Westdeutschland seinerzeit ein Fremdwort. Mitte der achtziger Jahre wurden die Themen Lean Management, Rationalisierung sowie Kostenreduzierung bestimmend und sind auch heute noch aktuell. Im Gegensatz zu den vorangegangenen Jahrzehnten ist jedoch die rapide steigende Arbeitslosigkeit ein Kernthema für Wirtschaft und Politik. Die Folgen der Rationalisierung sind nicht nur schnellere und effizientere Abläufe durch den Einsatz komplexer Computer- und Automatisierungstechnik, sondern auch ein massiver Personalabbau in allen Bereichen.

Arbeitsplatzverlagerung

Im internationalen Vergleich steht Deutschland in puncto Personalkosten an erster Stelle. Daher ist es nicht verwunderlich, daß Maßnahmen des Lean Managements und der Kostensenkung häufig Konsequenzen für die Mitarbeiterschaft eines Unternehmens haben. Ganze Produktionsbetriebe werden in Billiglohnländer ausgelagert, so daß diese Arbeitsplätze hierzulande entfallen. Manche Unternehmen, vor allem solche der Großindustrie, haben mit diesen Verlagerungen ihre Ertragssituation entsprechend verbessert. Der Mittelstand konnte diesen wirtschaftlichen Vorteil nicht in vergleichbarem Umfang wahrnehmen. Ihm fehlte es häufig an der notwendigen Infrastruktur und Logistik. Da die deutsche Industrie zu 80% eine mittelständische Struktur aufweist, ist der Arbeitsplatzabbau durch Verlagerungen von Produktionen ins Ausland nicht ins Grenzenlose ausgeufert.

8.1 Ökonomie statt Unternehmenskultur?

Heute herrscht die Erkenntnis, dass nicht nur produktionsorientierte Maßnahmen, sondern auch eine moderne Unternehmensführung sowie Personalentwicklung Voraussetzungen sind, um den wirtschaftlichen Erfolg eines Unternehmens zu sichern. In den letzten Jahren wurden diverse Managementinstrumente und personalwirtschaftliche Neuerungen entwickelt. Dazu gehören u.a. moderne Führungsstile, leistungsfördernde Vergütungssysteme, flexible Arbeitszeitmodelle sowie teamorientierte Arbeitsformen.

Ethik versus Kosten

Bei all diesen Themen steht die Funktionalität und der unternehmerische Nutzen im Vordergrund. Ethische Aspekte werden dabei oftmals weniger berücksichtigt. Die personalrelevanten Maßnahmen und Instrumente können zum Nutzen und Wohle der Mitarbeiter, aber auch zu deren Nachteil eingesetzt werden. Das Instrument ist wie ein Messer: Man kann es nutzen, um Brot zu schneiden oder um Menschen zu verletzen. Nicht das Messer selbst ist dabei der negative Faktor, sondern der Mensch, der es entsprechend einsetzt. Personalentwicklung hat eine wichtige ethische Aufgabe.

Ethik der PE

Nicht selten herrschte in den letzten Jahrzehnten eine win-lose-Situation zwischen Management und Mitarbeiter vor. Das Management wollte im Sinne seines Unternehmens eine win-Situation erreichen, wobei die Mitarbeiter unter Umständen in eine lose-Situation versetzt wurden, da ihre Bedürfnisse keine Berücksichtigung fanden. Die verantwortlichen Führungskräfte, die ihre rein ökonomische Zielsetzung versteckt oder offen vertraten, erzielten vielleicht kurzfristig Erfolge, langfristig gesehen jedoch einen Schaden für das Unternehmen (Olesch, 1998). Erkennen Mitarbeiter, dass sie in eine lose-Situation versetzt werden, sinkt ihre Motivation und Leistungsfähigkeit, was mittelfristig wirtschaftliche Schäden für das Unternehmen zur Folge hat.

Unternehmensberater oder so genannte Sanierungsmanager, die mit radikalen Maßnahmen kurzfristig Kostenreduzierungen erreichen, können für die sich langfristig ergebenden negativen Auswirkungen nicht mehr verantwortlich gemacht werden. Zu diesem Zeitpunkt haben sie sich als „Sanierungsmanager" zu einem anderen Unternehmen bereits „weiterentwickelt". Diese Manager stellen ihren Auftraggebern oft ohne differenzierte Analyse in Aussicht, drastisch Kosten zu reduzieren. Welchem Unternehmer gefällt eine derartige Perspektive nicht? Ob bei diesen verlockenden Angeboten jedoch auch der langfristige wirtschaftliche Erfolg und die Erhaltung der Motivation der Mitarbeiter gebührend berücksichtigt werden, mag bezweifelt werden.

Im Unternehmen gibt es den Managertypus, der seine Aufgabe als stringentes Führen ganz im Sinne des Unternehmens versteht. Er sieht sich selbst als starke Führungskraft mit Durchsetzungsvermögen. Dieser Manager muss allen beweisen, dass er derjenige ist, der allein weiß, was richtig ist, der ständig seinen Mitarbeitern sagt, was sie zu tun haben. Dieser Managertyp entspricht nicht dem Profil der verantwortlichen und kompetenten Führungskraft, die Stärken seiner Mitarbeiter erkennt und zum Wohle des Unternehmens entwickelt. Er besitzt oftmals ein geringes Verantwortungsgefühl gegenüber seinen Mitarbeitern. Das eigentliche Ziel des Erfolgs für das Unternehmen ist der persönliche Erfolg für ihn. Dafür nimmt er ein win-lose-Verhältnis zu seinen Mitarbeitern in Kauf.

Der win-lose Manager

Häufig werden Mitarbeiter in ihrer Leistungsbereitschaft unterschätzt und die Verantwortung für ihre Motivation vernachlässigt. Fälschlicherweise meinen manche Vorgesetzte, ihre Mitarbeiter permanent antreiben zu müssen, statt sie zu ermutigen und zu entwickeln. Leider bewahrheitet sich in solchen Führungskulturen das Phänomen der selffulfilling prophecy: Einstellung und Führungsstil erzeugen langfristig Mitarbeiter, die aufgrund von mangelndem Feedback und förderlicher Führung nur noch mit geringer Motivation Dienst nach Vorschrift machen. Die Folge ist, dass Leistungsfähigkeit sowie Arbeitsqualität sinken. Damit schließt sich der Circulus vitiosus.

Nicht nur der langfristige Misserfolg dieser Manager, sondern auch Schaden am gesamtunternehmerischen Erfolg sind die Folge einer mangelnden Unternehmensethik.

8.2 Unternehmenskultur und Leistung

Was bedeutet eigentlich Unternehmensethik? Sie ist die humanistische Verantwortung den Mitarbeitern gegenüber sowie die uneingeschränkte Verpflichtung, in der Unternehmensführung danach zu handeln. Unternehmensethik ist auf sittlichen und tu-

Ethik und Humanismus

gendhaften Grundsätzen aufgebaut und begreift eine menschliche, respektvolle und förderliche Mitarbeiterführung sowie ein gutes Unternehmensklima als wesentliche Einflussfaktoren für den gesamtunternehmerischen Erfolg. Schließlich sind es die Menschen, die neue Produkte entwickeln, sie herstellen, vermarkten und verkaufen. Daher sollten sie im Mittelpunkt der Unternehmensführung stehen.

Der Mensch im Mittelpunkt

Auch die Unternehmensethik unterliegt einem Wandel, denn die Auffassung über ethische Grundsätze ändert sich. Konstanter Faktor ist jedoch immer eine menschenfreundliche Einstellung.

 Manager zeigen langfristig mehr Erfolg mit ihrem Team, wenn sie von einem positiven Menschenbild ausgehen, das von Respekt vor dem anderen geprägt ist.

Damit ist jedoch kein laisser-faire Führungsstil gemeint. Einen guten Manager, der echtes Interesse an seinen Mitarbeitern hat, zeichnet ein ziel- und leistungsorientiertes Führen aus. Das Ideal ist erreicht, wenn Leistung und Erfolg des Unternehmens sowie der Mitarbeiter miteinander einhergehen.

Der amerikanische Computerspezialist Hewlett Packard ist für eine ausgeprägte Unternehmenskultur und -ethik bekannt, zugleich ist das Unternehmen weltweit erfolgreich tätig. Die gesellschaftliche Verantwortung des Unternehmens wird dort deutlich empfunden:

Thesen zur Unternehmenskultur

- „Wir wollen unsere sozialen Verpflichtungen in jedem Land und jedem Gemeinwesen, in welchem wir tätig sind, erfüllen, indem wir wirtschaftliche, geistige und soziale Beiträge leisten.
- Wir haben Vertrauen in unsere Mitarbeiter sowie Achtung und Respekt vor ihrer Persönlichkeit.
- Wir legen unserem Tun kompromisslose Integrität zugrunde."

Im Unternehmen der Autoren wird die Unternehmenskultur wie folgt definiert:

- Wir pflegen einen guten Umgang miteinander.
- Wir führen mit Zielvereinbarungen.
- Wir machen Betroffene zu Beteiligten.
- Unsere Zusammenarbeit beruht auf gegenseitiger Wertschätzung und Vertrauen.

- Wir gehen engagiert in der Sache, ehrlich und freundlich miteinander um.
- Initiative und Kreativität kennt Fehler, wir lernen aus ihnen und machen sie nur einmal.

Es ist ein Leichtes, zu diesen Prinzipien verbale Zustimmung zu erhalten. Schwieriger wird es, sie bei Konflikten im Unternehmen unverändert zu beherzigen und in angespannten Situationen und Krisen gleichbleibend überzeugt zu leben. Hier beweisen sich die echten Führungskräfte und outen sich die Mitläufer.

Schwierigkeit der
Umsetzung

Ist einmal eine Unternehmensethik für ein Unternehmen definiert und von Führungskräften und Mitarbeitern angenommen, bedeutet das nicht, dass jeder Mitarbeiter sie gleich intensiv lebt. Verschiedene Menschen haben unterschiedliche Einstellungen, wobei Spielregeln und Grundsätze nicht von jedem als verbindlich betrachtet werden. Selbst mit modernen Personal-Auswahlverfahren, Personalentwicklung und Coaching gelingt es nicht, nur loyale und verantwortungsbewusste Führungskräfte zu gewinnen. Ist die Unternehmensethik jedoch mehrheitlich angenommen, stellen Quertreiber kein existentielles Risiko dar. Im Falle von andershandelnden Führungskräften obliegt es der Unternehmensleitung, abzuwägen, ob diese Kraft weiterhin für das Unternehmen tragbar ist, da sie langfristig die Glaubwürdigkeit der Unternehmenskultur schwächt.

Lebendige und gelebte Unternehmensethik ist wie ein gesunder Körper. In ihm befinden sich immer Krankheitserreger. Die Krankheiten kommen jedoch nicht zwangsläufig zum Ausbruch und schwächen den Organismus. Wird der Körper jedoch nicht fit gehalten, so können sie ihm schaden. Bei einer mangelnden Unternehmensethik kann durch fehlende Motivation, Konflikte und Leistungsschwäche der Erfolg des Unternehmens stark beeinträchtigt werden. Es wird nicht seine volle Kraft entfalten und den möglichen Erfolg auf dem Markt erzielen können.

Mit dieser Erkenntnis pflegen strategisch ausgerichtete Unternehmen eine eigene Unternehmensethik, um auch in Zukunft erfolgreich zu sein und weiter zu wachsen. Ohne tiefe Überzeugung von ihrer Sinnhaftigkeit ist die Implementierung dessen jedoch von wenig Erfolg gekrönt, denn Ethik und Kultur können einem Unternehmen und seiner Belegschaft nicht aufgepfropft werden.

Zukunftschancen
durch Ethik

Partizipation ist der Schlüssel zur gesteigerten Motivation

Die Umsetzung neuer Organisations- und Personalentwicklungs-
modelle bedarf vieler Erklärungen und Hilfen des Vorgesetzten
vor Ort. Das muss an dieser Stelle besonders betont werden. Hier
sind viele Einzelgespräche notwendig. Schließlich muss ein neues
Bewusstsein bei Mitarbeitern und Vorgesetzten gebildet werden,
um die neuen Organisationsmodelle positiv zu nutzen. Dies muss
besonders vom Management geleistet werden.

8.3   Partizipative Führungskultur

Zu einer guten Unternehmenskultur gehört auch eine gute
Führungskultur. Zu Führungskultur gehören Leitlinien, wie Leitplanken zur Straße. Viele Unternehmen haben sich bereits vor geraumer Zeit entschlossen, Führungsleitlinien einzuführen. In einer Untersuchung von 1998 wurde festgestellt, dass 52 % bis 66 %
aller Unternehmen mit mehr als 1000 Mitarbeitern über schrift-
liche Führungsgrundsätze verfügen. Dieses Thema ist ein Muss in
der modernen Industrie.

Führungsgrund-
sätze als Leitlinien
In den Führungsgrundsätzen werden die Werte dokumentiert, an
denen sich die Unternehmensspitze nach ihrem Führungskonzept orientiert. Ihr Ziel ist es, dass Vorgesetzte und Mitarbeiter mit
widerspruchsfreien Begriffen in Führungsfragen umgehen. Die
betriebsintern verwendeten Führungsbegriffe können auf diese
Weise einer Klärung und einheitlichen Bestimmung zugeführt
werden. Dadurch kann in Führungsangelegenheiten mit einer
Sprache gesprochen werden. Somit erfüllen Führungsgrundsätze
eine Koordinierungsfunktion ersten Ranges. Sie sind deshalb
auch als erste Stufe auf dem Wege zu den übergeordneten Unter-
nehmensgrundsätzen geeignet. Führungsgrundsätze sind als not-
wendiger Bestandteil der „Unternehmensgrundsätze" und somit
des Gesamtkonzeptes der Unternehmensphilosophie und -politik
zu sehen und dort einzuordnen.

Führungsleitlinien erinnern an Leitplanken der Autobahn. Sie
verhindern, dass der Fahrer von der Straße abkommt, lassen ihm
aber die Wahl, ob er ganz rechts oder vielleicht auf der Überhol-
spur fahren will. Selbst die Benutzung der Reservespur kann je

nach Situation sinnvoll und erlaubt sein. Führungsgrundsätze geben sowohl dem Mitarbeiter als auch dem Vorgesetzten die Möglichkeit, sein Führungsverhalten an einer Richtschnur zu überprüfen. Sie erleichtern dem Vorgesetzten seine Führungsaufgabe.

Die Erfahrungen haben auch gelehrt, dass zu umfangreiche
Führungsgrundsätze für die Praxis nachteilig sind. Eine Konzen-
tration auf die wesentlichen Zielsetzungen und Aussagen hat
mehr Erfolg, weil sich die Betroffenen daran besser orientieren
können. Jedenfalls sollten Führungsgrundsätze zur Erreichung
wirklicher Zweckmäßigkeit und einer echten Befolgungschance
knapp, eindeutig und verständlich formuliert, übersichtlich und
auf das Wesentliche beschränkt sein, logisch im Aufbau, präzise in
der Substanz. Führungsgrundsätze neuerer Art sind deswegen oft
so aufgebaut, dass sie sich auf Kernsätze beschränken, die dann in
Schulungen vertieft und/oder erläutert werden.

Weniger ist mehr

Führungsverhalten darf nicht dem Zufall überlassen werden.
Häufig kommt es vor, dass Trainings stattfinden, in die ein Unternehmen viel Geld investiert, die entsprechenden Effekte jedoch
zu gering ausfallen. Führungsleitlinien werden oft durch umfangreiche Stäbe erstellt, von der Geschäftsleitung begutachtet und ge-
nehmigt und anschließend in den Schubladen der Führungskräfte begraben. Sie sterben, bevor sie zum Leben erweckt wurden,
obwohl sie in den schönsten Farbbroschüren gedruckt wurden.
Das Problem ist meistens nicht, dass Führungstrainings und -leit-
linien als sinnlos oder überflüssig betrachtet werden. Sie finden oft
nicht die notwendige Akzeptanz und Motivation, um umgesetzt
zu werden. Motivation wird bei der Implementierung von Führungsphilosophie und -trainings zu wenig aufgebaut. In einer Befragung des Management Centre Europe von 1000 europäischen
Führungskräften wurde eine zu große Kluft zwischen Anspruch
und Wirklichkeit ermittelt.

**Führungsleitlinien
als große Heraus-
forderung**

8.4 Unternehmensspezifische
Führungsleitlinien

Bei der klassischen Konstituierung von Führungssystemen erarbeitet eine Projektgruppe bzw. Stabsabteilung Leitlinien für Vorgesetzte. Zu solchen Gruppen gehören Verantwortliche aus dem

Benchmarking

Personalwesen, der Geschäftsleitung und den Vorgesetzten aus anderen operativen Unternehmensbereichen. Häufig werden Führungsleitlinien und Erfahrungen anderer Unternehmen herangezogen. Zum Teil werden Personalberater engagiert, um Konzepte zu erarbeiten. Literatur ist eine weitere Konzeptionshilfe. Die tatsächlich betroffenen Führungskräfte der Basis werden hierbei oft wenig oder gar nicht gefragt oder miteinbezogen. Da die Partizipation der Basisführungskräfte bei dieser Vorgehensweise zu kurz kommt, tragen diese die neue Führungsphilosophie kaum mit.

Entwicklung von Führungsleitlinien

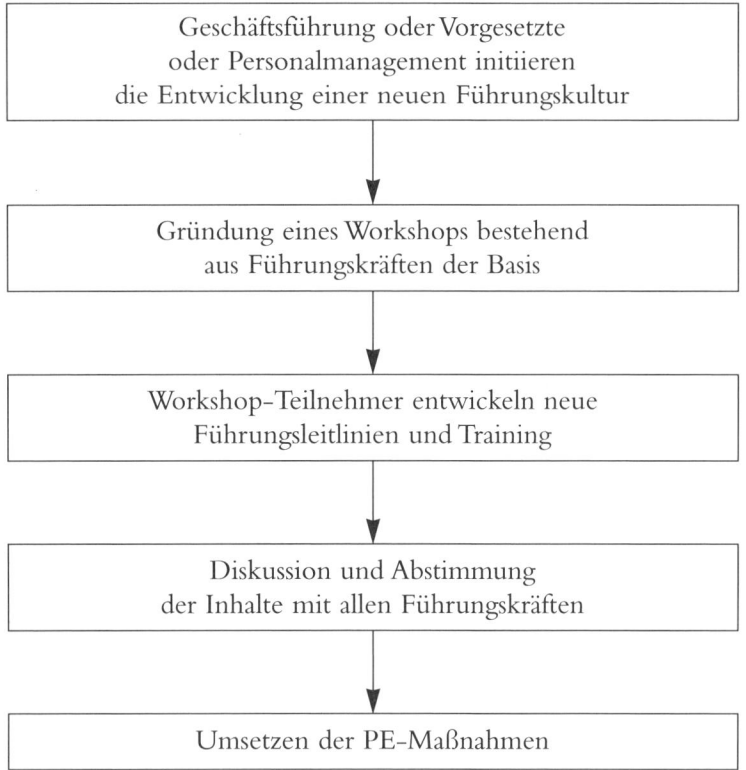

Geschäftsführung oder Vorgesetzte oder Personalmanagement initiieren die Entwicklung einer neuen Führungskultur

Gründung eines Workshops bestehend aus Führungskräften der Basis

Workshop-Teilnehmer entwickeln neue Führungsleitlinien und Training

Diskussion und Abstimmung der Inhalte mit allen Führungskräften

Umsetzen der PE-Maßnahmen

Partizipation der Vorgesetzten

Ziel ist es, dass Vorgesetzte und Nachwuchskräfte ein ganz und gar unternehmensspezifisches und homogenes Führungsverhalten beherrschen sollten. Zu diesem Zweck sollten die Aufgaben, die speziell in einem Unternehmen relevant sind, ermittelt werden. Ermittelt werden sie dort, wo sie hauptsächlich Anwendung finden, nämlich bei der Führungskraft vor Ort. Intention ist es, keinen Katalog der Führungsaufgaben „von der Stange" einzusetzen und sie nicht von einem Stab erstellen zu lassen. Erste und wichtigste Voraussetzung ist die ehrliche Absicht der Geschäftsleitung, die Führungskräfte in unternehmensspezifischen Verhaltensweisen zu entwickeln, um weiterhin erfolgreich im Markt bestehen zu können. Diese Aufgabe übernimmt üblicherweise die Personalentwicklung.

Beispiel eines Ablaufs zur Entwicklung von Führungsleitlinien:

Eine praktische Vorgehensweise

In der ersten der drei Sitzungen wurde erarbeitet, welche Aufgaben eine Führungskraft speziell in dem betreffenden Unternehmen hat. Es sollte das Anforderungsprofil im Detail erarbeitet werden. Die zwölf Teilnehmer wurden in drei Arbeitsgruppen unterteilt, die auf Metaplan-Wänden die einzelnen Aufgaben vor allem operational beschreiben sollten. Anschließend trugen die drei Gruppen ihre Themen im Plenum vor und diskutierten sie unter Anleitung und Unterstützung des Moderators. Nach der ersten Sitzung wurden alle als wichtig erachteten Verhaltensaspekte der Führung von den Mitarbeitern des Personalwesens zusammengefasst. Daraus sollten später die Führungsleitlinien abgeleitet werden. Die Zusammenfassung wurde so aufgebaut, dass sie als Fragebogen eingesetzt werden kann. Neben jeder Verhaltensweise einer Führungskraft wurde eine fünfstufige Ratingskala angesetzt, wie sie häufig in der Praxis angewendet wird. Dieser Bogen beschreibt die ideale Führungskraft, d. h. das optimale Anforderungsprofil.

Einschätzung des eigenen Führungsverhaltens

In der zweiten Sitzung im Abstand von einer Woche sollten sich die Teilnehmer selber auf dem „Fragebogen zur Selbsteinschätzung des Führungsverhaltens" bewerten. Ziel war es, ihr Ist-Verhalten dem Soll-Verhalten, sprich Führungsanforderungsprofil, gegenüberzustellen. Es sollten noch mal Defizite, die später in einem Maßnahmenkatalog zur Optimierung des eigenen Führungsverhaltens resultieren, ermittelt werden. Diese Selbstbewertung erfolgte anonym. Dadurch hatten die Teilnehmer die Gewähr, dass die eigenen negativ beurteilten Führungseigenschaften nicht an Dritte weitergeleitet werden konnten. Diesbezüglich bestanden zu Beginn der Veranstaltung Bedenken der Teilnehmer.

Maßnahmen zur Optimierung

Ziel der dritten Sitzung war es, aufgrund der Analysen von Sitzung 1 und 2 die Maßnahmen zu bestimmen, die notwendig sind, um das Führungsverhalten zu optimieren. Primär sollten Maßnahmen zur Verbesserung des Führungsverhaltens der Teilnehmer entwickelt werden.

Es wurden insgesamt 13 Maßnahmen mit Unterpunkten zur Führungsoptimierung vorgeschlagen. Diese Maßnahmen haben die Teilnehmer ausgewählt, um ihr persönliches Verhalten zu verändern. Damit das Unternehmen sie dabei unterstützt, sollten daraus Trainings initiiert werden. Diese sollten die Defizite im Führungsverhalten bereinigen.

Top-down Verantwortung

Führungsverhaltensweisen sind in die Rahmenbedingungen eines Unternehmens eingebunden. Diese Bedingungen werden von den Vorgesetzten der Teilnehmer oder sogar von der Geschäftsleitung vorgegeben. Um einige Verhaltensweisen des mittleren Managements zu optimieren, ist es notwendig, dass auch die höheren Vorgesetzten ihr eigenes Verhalten verbessern. So kann ein Gruppenleiter wichtige Informationen nur dann an seine Mitarbeiter weitergeben, wenn er von seiner Geschäfts- oder Bereichsleitung Informationen erhält. Diese Rahmenbedingung muss beispielsweise vom oberen Führungskreis gewährleistet werden.

Aus dieser Erkenntnis im Maßnahmenkatalog zur Optimierung des Führungsverhaltens wurde festgestellt, in welchem Verhalten sich die Teilnehmer des Workshops, deren Vorgesetzte und sogar die Geschäftsleitung verbessern sollten. In erster Linie jedoch sollten die Teilnehmer „sich selber an die Nase fassen" und Maßnahmen primär zur Optimierung ihres eigenen Führungsverhaltens initiieren. Hier ein paar Beispiele:

Durch welche Maßnahmen können wir unser Führungsverhalten optimieren?

Für die erfolgreiche Durchführung
dieser Maßnahme ist zuständig:
(Bitte geben Sie Prozentzahlen an)

Führungsaufgabe/Optimierung durch

	Ich	Vorge-setzter	Geschäfts-leitung
1. Ziele vereinbaren			
Zielvorgaben bekannt machen	70	20	10
Ziele gemeinsam definieren	95	5	0
langfristige Planung klare Ziel-definition mit Zeitrahmen und			
Kontrolle stecken	25	30	45
2. Motivieren der eigenen			
Mitarbeiter mehr Informationen	60	30	10
Verantwortung übertragen	60	20	20
„Nein sagen" (z. B. zu neuen Aufträgen, falls alle Kapazitäten			
belegt)	40	50	10
gemeinsame Zielsetzung	65	25	10
Teamgeist fördern	75	20	5
mehr Anerkennung	70	20	10
Freiräume für Mitarbeiter-entscheidungen schaffen	60	30	10
Anreize: Lob/Tadel	30	30	40
konstruktive Kritik (und nicht zerreden)	50	45	5

Aus den Workshops wurden von den Teilnehmern folgende **Führungsleitlinien**
Führungsleitlinien entwickelt:

Motivation

Leistungspotential und Leistungsbereitschaft der Mitarbeiter sind
wichtige Quellen für den Unternehmenserfolg. Die Mitarbeitermotivation nimmt im Spektrum der Führungsaufgaben eine
Schlüsselrolle ein. Aber auch die anderen Aufgaben der Führungs-

kraft zielen darauf ab, den Leistungswillen der Mitarbeiter zu stärken.

Vertretung der Unternehmensinteressen

Vorgesetzte als Vorbild

Der Vorgesetzte identifiziert sich mit dem Unternehmen und verhält sich stets loyal. Er fördert die Loyalität seiner Mitarbeiter und gibt ihnen durch Handeln und Verhalten ein positives Vorbild als Orientierungshilfe. Dies zeigt sich in kostenbewusstem Denken und Tun ebenso wie im sympathischen Repräsentieren des Unternehmens und der Abteilung nach innen und außen; ferner im engagierten Verfolgen von Abteilungs- und Unternehmensinteressen.

Organisation

Der Vorgesetzte trifft und lebt organisatorische Regelungen, um allgemeine oder besondere Zielsetzungen zu erreichen, Arbeitsabläufe sicherzustellen und zu optimieren, die Arbeitseffizienz zu steigern und die Selbstständigkeit der Mitarbeiter zu fördern.

Führungsaufgaben

- Ziele werden eindeutig gesetzt und mit den Mitarbeitern besprochen. Die Mitarbeiter können auf dieser Grundlage eigenverantwortlich handeln und wissen, woran sie und andere ihre Leistung (Ergebnisse) messen.
- Die Gesamtaufgabe sollte in Teilaufgaben zerlegt und verteilt werden, wobei Prioritäten gesetzt werden; dadurch können die Mitarbeiter jegliche Leitlinien erkennen.
- Aufgaben werden zur möglichst selbständigen Erledigung und Entscheidung an Mitarbeiter übertragen. Durch Delegation von Aufgaben fördert der Vorgesetzte die verantwortungsvolle Handlungsweise seiner Mitarbeiter und gewinnt Zeit für das Wesentliche.
- Entscheidungen werden im zuständigen Verantwortungsbereich in angemessener Zeit und in Abstimmung mit anderen betroffenen Abteilungen und/oder Mitarbeitern eindeutig gefällt. Die Mitarbeiter erhalten einen hinreichend klaren Orientierungsrahmen, der kurze Bearbeitungszeiten sichert und Bürokratie vermeidet.
- Ergebnisse werden kontrolliert und an den Zielen gemessen. Abweichungen von den Zielen werden angemessen analysiert und Schlussfolgerungen gezogen.

- Der Vorgesetzte initiiert und unterstützt nützliche Innovationen jeglicher Art; er verhindert starres Festhalten an überkommenen Regelungen und bietet die Chance, Verbesserungen zu realisieren.
- Er leitet kooperativ und fördert die Teamarbeit.

Kommunikation

Bereiche und Abteilungen benötigen eine gut funktionierende Kommunikation zum Austausch von Nachrichten zwischen den Beteiligten, um Reibungsverluste möglichst gering zu halten. Die Führungskraft stellt die Kommunikation mit Dritten sicher und sorgt in ihrem Verantwortungsbereich für die Schaffung und Erhaltung eines solchen Netzes.

Verpflichtung zur Information

- Um Missverständnisse zu vermeiden, die Effektivität zu erhöhen und eine Vertrauensbasis zu schaffen und zu erhalten, werden Mitarbeiter regelmäßig und ausreichend informiert.
- Der offene Dialog zwischen Vorgesetzten und Mitarbeitern fördert die konstruktive Kritikfähigkeit aller und trägt zur weiteren Optimierung der Zusammenarbeit und zum Abteilungserfolg bei.
- Mitarbeiter erhalten durch ihren Vorgesetzten ein regelmäßiges Feedback, um Schwachstellen aufgezeigt zu bekommen, weiterentwickelt und motiviert zu werden.

Personalentwicklung der Mitarbeiter

Jeder Vorgesetzte versteht die Förderung seiner Mitarbeiter als unverzichtbaren Bestandteil seiner Führungsfunktion. Die Mitarbeiter werden entwickelt, damit sie ihre Aufgaben noch besser erfüllen und komplexere Tätigkeiten übernehmen können. Zugleich werden ihre berechtigten Interessen und Wünsche berücksichtigt. Der Vorgesetzte beurteilt jährlich die Leistungen seiner Mitarbeiter. Er spricht ihnen Anerkennung aus und übt Kritik. Er bespricht seine Beurteilung mit den Mitarbeitern und zeigt Entwicklungsmöglichkeiten auf. Er erörtert mit ihnen Hilfestellungen und entwirft Förderungsmaßnahmen (z.B. Delegieren herausfordernder Aufgaben, Trainingsmaßnahmen am Arbeitsplatz u.a.).

PE als Führungsaufgabe

Besondere Personalentwicklungsmaßnahmen können vereinbart werden:

Training für
Führungsleitlinien

1. Einführung spezieller Trainings zur Umsetzung der Führungsleitlinien.
2. Begleitende Maßnahmen zur Förderung der Kommunikation
   im Unternehmen durch Einrichtung ressort- und bereichsin-
   terner Informationsrunden zur Weiterleitung von Informationen, die von der Geschäftsleitung kommen.
3. Verpflichtung aller Führungskräfte zur Durchführung von
   Mitarbeitergesprächen im Rahmen der jährlichen Leistungsbeurteilung. Aufzeigen von Stärken und Schwächen, Entwicklungsmöglichkeiten, Fördermaßnahmen etc.

Verantwortung für Mitarbeiter

Wir legen großes Gewicht darauf, Mitarbeiter als Persönlichkeiten ernstzunehmen und sich um ihre Belange und Anliegen zu
kümmern. Jede Führungskraft sollte die damit verbundene soziale Verantwortung und die Fürsorgepflicht bewusst wahrnehmen.
Im Einzelnen heißt dies u.a.:

- Der Vorgesetzte hat für seine Mitarbeiter ein „offenes Ohr".
  Dies schafft Vertrauen und läßt Probleme frühzeitig erkennen.
- Der Vorgesetzte trägt zur Schaffung und Erhaltung eines posi-
  tiven Arbeitsklimas bei.

Unverzichtbare Voraussetzungen zur Erfüllung der Führungsaufgaben sind Kenntnisse und die Beachtung grundlegender arbeits-
rechtlicher und tarifvertraglicher Regelungen sowie der Arbeits-
sicherheitsbestimmungen.

Eine der wichtigsten Maßnahmen sind die Führungstrainings.
Zahlreiche Untersuchungen bestätigen, dass die Realisierung und
das Leben von Führungsleitlinien nur durch entsprechende systematische Schulungen und Entwicklungsprogramme möglich ist.

Beispiel:
Seit geraumer Zeit bestehen im Unternehmen verschiedene
Seminare für Vorgesetzte. Jetzt sollten Trainings speziell zur
Umsetzung von Führungsleitlinien eingerichtet werden. Der
erste Teil des Trainings besteht aus drei Seminaren. Im ersten
Seminar mit dem Titel „Aufgaben einer Führungskraft" wer-
den mehr kognitiv die Inhalte der Führungsleitlinien geschult.
Diese Inhalte werden im zweiten Seminar, „Führen im Unter-

nehmen", in Rollenspielen trainiert. Im dritten Seminar wird ein unternehmensspezifisches „Mitarbeitergespräch als Führungsinstrument" geschult. Der zweite Teil des Entwicklungsprogramms für Vorgesetzte besteht aus bereits vorhandenen Seminaren und Workshops wie: „Kostenrechnung", „Zeit- und Selbstmanagement," „Repräsentationstraining", „Rhetorik", „Gesprächsführung", „Präsentationstechnik", „Grundlagen des Arbeitsrechts", „Tarifvertragsrecht" und „Aktuelle Personalfragen".

8.5   Kommunikation im Unternehmen

Im Folgenden wird noch einmal gezeigt, wie der dargestellte Ablauf der Entwicklung von Führungsleitlinien und die Einführung einer Führungskonzeption konkret umgesetzt werden können.

Die Entwürfe von Führungsleitlinien, -trainings und Maßnahmen zur Optimierung des Führungsverhaltens wurden von der Personalentwicklung der gesamten Geschäftsleitung vorgelegt und mit ihr diskutiert. Mit der Detailerfahrung der mittleren Führungsebene konfrontiert, zeigte die Geschäftsleitung weiterhin starkes Engagement, aktiv mitzuwirken. Jedes Mitglied der Geschäftsleitung konnte das Führungskonzept für sich überarbeiten. Darüber hinaus regten die Vertreter der Personalentwicklung an, dass die Geschäftsleitung mit jedem der drei Workshop-Gruppen über deren Ergebnisse diskutieren sollte. Nach einem Monat fanden diese Gesprächsrunden statt. Die erarbeiteten Inhalte wurden weiter vertieft und die Führungsleitlinien und -trainings erhielten ihren vorletzten Schliff. Dieses Treffen zwischen Workshop-Teilnehmern und Geschäftsleitung stellte einen weiteren Motivationseffekt dar, das Führungssystem einzuführen und umzusetzen. Anschließend wurde die endgültige Form der Führungsleitlinien und der -trainings mit den Vorgesetzten der zweiten Führungsebene zum letzten Mal diskutiert, modifiziert und schließlich verabschiedet.

Mitwirkung der Geschäftsleitung

Alle Entscheidungsträger arbeiteten also am Konzept mit und konnten es so mitgestalten. „Die Treppe muss von oben gefegt werden", d.h. die Geschäftsleitung muss mit ehrlicher Überzeugung das Programm starten. Erarbeiten und Entwickeln müssen die Führungskräfte an der Basis. Endgültig Abstimmen und Verabschieden müssen alle Führungskräfte. Alle Entscheider waren bei der Einführung der neuen Führungskonzeption beteiligt, so dass die Motivation zur Umsetzung optimal beschaffen war.

Umsetzung der Leitlinien

Von der Personalentwicklung wurde ein externer Trainer ausgewählt. Ihm wurde das erarbeitete Führungskonzept erläutert. Es wurde betont, dass er dieses unternehmensspezifische Konzept und keine allgemeinen Führungsstandards in den Trainings umsetzt. Bevor das erste Seminar startete, präsentierte der Trainer seine Vorgehensweise dem oberen Führungskreis. Dabei wurden dem Trainer informelle Informationen und unternehmenstypische Eigenschaften vermittelt. So gebrieft, fanden unter der Koordination der Personalentwicklung die Führungstrainings statt.

Die einzelnen Seminare des Entwicklungsprogramms für Führungskräfte dauern je zwei Tage. Drei Seminare werden für jeden Vorgesetzten über zwei Jahre angesetzt. Die Kosten dieses Entwicklungsprogramms betragen ca. 25 % des unternehmensweiten Weiterbildungsbudgets. Die Seminare werden in einem Seminarhotel durchgeführt. Fast alle Weiterbildungsmaßnahmen haben bisher intern im Unternehmen stattgefunden. Der outdoor-Charakter des Personalentwicklungsprogramms dokumentiert die Bedeutung dieser Maßnahme. Die Teilnehmer übernachten im Hotel, um einen kommunikativen und kooperativen Effekt zu erzeugen.

Förderung der vertikalen Kommunikation

An einem Abend kommt ein Mitglied der Geschäftsleitung hinzu, um aktuelle Fragen mit den Teilnehmern zu diskutieren. Durch die Nähe von Geschäftsleitung und Führungskräften wird ein weiterer positiver Effekt erzeugt. Er fördert die vertikale Kommunikation zwischen Geschäftsleitung und Führungskräften. Gerade in größeren Unternehmen leidet aufgrund des Tagesgeschäfts diese wichtige Kommunikation. Sie ist jedoch eine Voraussetzung für erfolgreiche Zusammenarbeit. Durch den intensiven Kontakt von Geschäftsleitung und Führungskräften kann sie gestärkt werden.

Förderung der horizontalen Kommunikation

Ebenfalls zu den unternehmensspezifischen Führungsleitlinien
und -trainings wurde „quasi-Qualitätszirkel" bei den mittleren
Führungskräften eingeführt. Unter der Koordination des Personalwesens trafen die Teilnehmer der einzelnen Führungsse-
minare in weiteren Workshops zusammen. Jede Führungskraft
sollte die Aufgabeninhalte und -abläufe der eigenen Abteilung
seinen Kollegen aus anderen Abteilungen darstellen und mit
ihnen diskutieren.

Folgende Vorteile beinhaltet diese Maßnahme:

1. Jeder Abteilungsleiter wird dazu veranlasst, differenziert über   **Transparenz**
   seine Aufgaben, Arbeitsabläufe und Schnittstellen zu anderen   **und Reflektion des**
   Bereichen zu reflektieren, damit er sie vor seinen Kollegen op-   **eigenen Tuns**
   timal präsentieren kann.
2. Durch die Abteilungspräsentation wird Transparenz über ihre
   Aufgaben im Unternehmen gegeben. Es wird gegenseitiges
   Verständnis aufgebaut.
3. Im Anschluss an den Vortrag einer Führungskraft wird mit den
   Kollegen über Optimierung diskutiert. Daraus resultiert eine
   Verbesserung der Organisation und ihrer Abläufe im Unter-
   nehmen.

Die beschriebene Einführung einer Führungskonzeption ist ein
typisches Beispiel, wie aus Personalentwicklung Organisationsentwicklung entstehen kann. Das Konzept hat sich als wirkungsvoll für das Unternehmen bewiesen.

9. Der Personalentwickler

In den letzten Jahren hat die Bedeutung des Personalwesens im industriellen Unternehmen einen Wandel erfahren:

Vom Verwalten und Gestalten

Durch moderne Führungskulturen und die stärkere Berücksichtigung der human ressources als Faktor für den Unternehmenserfolg bieten sich für Personalverantwortliche heute Chancen, sich von einer administrativen Stabsfunktion zu einer steuernden Kraft im Unternehmen zu entwickeln – vom Verwalter zum Gestalter zu werden. Diese Chancen werden in Personalkreisen jedoch noch zu wenig genutzt. Die Ursache scheint weniger in mangelnder Fachkompetenz der Personalverantwortlichen zu liegen als in ihrem mangelnden Bemühen, sich eine entscheidende Funktion im Unternehmen aktiv zu erarbeiten oder sogar zu erkämpfen.

Meßbarkeit der Personalleistung

Häufig werden die Position des Produktions- oder Vertriebsleiters in herstellenden Betrieben als die wichtigsten Funktionen eines Unternehmens betrachtet. In diesen Funktionen können messbare Leistungen durch Umsatz-, Ertrags- oder Stückzahlen nachgewiesen werden. Im Personalbereich können demgegenüber nur Kosten dargestellt werden. Die Leistungen sind eher qualitativ und daher kaum messbar. Da sie faktisch kaum nachweisbar sind, müssen die fachlichen Qualifikationen der Personalverantwortlichen umso höher ausgeprägt sein. Mit dem heutigen Bildungsangebot ist eine derartige Hochqualifizierung für jeden möglich. Viele Unternehmen verfügen daher bereits heute über kompetente Fachleute für Personalaufgaben.

Strategische Ausrichtung der PE

Aus Sicht der Autoren ist bei PE-Fachleuten eine unternehmensstrategische Ausrichtung heute noch zu gering ausgeprägt, d.h. das Interesse, über den Tellerrand der PE hinaus zu schauen und in anderen Bereichen wie Produktion, Vertrieb, Marketing oder Entwicklung aktiv mitwirken zu wollen. Andererseits ergreifen Produktions- und Vertriebsmanager durchaus Initiative, sich in PE-Themen aktiv einzubringen und personalstrategische oder -operative Aktivitäten mitzugestalten, wenn nicht sogar zu steuern.

Ein Manko besteht auch in der Tendenz mancher PE-Verant-
wortlicher, Aufgaben im Unternehmen zu dezentralisieren und in
die Linie vor Ort zu geben. Im Grundsatz mögen es gute Be-
weggründe sein, so zu verfahren, wenn es nicht mit der versteck-
ten Absicht geschieht, Verantwortung und Entscheidungen abzuschieben. Hier sollte besser der Mut zu intensiver Mitwirkung in
der Unternehmensführung und Verantwortungsbereitschaft gelebt
werden.

 Schließlich können PE-Verantwortliche durch professionelle und systematische Mitarbeiterbetreuung einen starken Einfluss auf den Erfolg eines Unternehmens ausüben.

9.1 Führungspositionen von Personal-
verantwortlichen

Vom Beginn der sechziger bis Mitte der siebziger Jahre war der
PE-Leiter primär auf der dritten Führungsebene unter dem Per-
sonalleiter angesiedelt. Danach entwickelte sich die Tendenz, ihn   **Hierarchie der PE**
auf der zweiten Führungsebene zu positionieren, nachdem der
Personalleiter in einigen Unternehmen auf die erste Ebene
gerückt war. Der Grund für diesen Wandel liegt in der Erkenntnis,
daß der Bereich human resources einen entscheidenden Beitrag
für die Leistungsfähigkeit und die Sicherung des Unternehmens
erbringt. Eine weitere Ursache liegt in der Inkraftsetzung des Mit-
bestimmungsgesetzes im Jahre 1976. Es fordert in bestimmten Unternehmen mit mehr als 2.000 Mitarbeitern die Bestellung eines
Arbeitsdirektors. Der Personalleiter, bisher auf der zweiten
Führungsebene angesiedelt, wurde damit häufig zum Mitglied der
Geschäftsleitung bzw. des Vorstandes ernannt. Laut Mitbestim-
mungsgesetz ist der Arbeitsdirektor überwiegend für Aufgaben des
Personal- und Sozialwesens verantwortlich. In der Montanindus-
trie galt eine ähnliche Regelung bereits seit 1951. Der Leiter Personalentwicklung berichtet in der Regel an den Personalmanager.

Durch seine hohe Stellung in der Unternehmenshierarchie übt   **Hierarchie und**
der PE-Manager einen großen Einfluss aus. Welche Voraussetzun-   **Einfluss**
gen und welche Qualifikationen sollte er für diese verantwortliche Position mitbringen? Es ist nicht nur von Bedeutung, welches
Know-how er bereits besitzen sollte, sondern auch, welches Wis-

sen er aufgrund der rasanten wirtschaftlichen Entwicklung in Zukunft benötigt. Grundsätzlich ist eine Weiterentwicklung vom Verwalter zum Gestalter, vom „Bildungsanbieter" zum strategischen Personalentwickler unerlässlich (Olesch, 1997).

Vorteil der Praxiserfahrung

Seit Einführung der Fachrichtung der Personalwirtschaftslehre im Rahmen der Betriebswirtschaft werden in Stellenanzeigen primär die Wirtschaftswissenschaften, aber auch Psychologen, Soziologen und Pädagogen präferiert. Liegt Praxis- und Führungserfahrung bei Bewerbern vor, spielt die Hochschulqualifikation eine sekundäre Rolle. In diesem Fall wird derjenige als potentieller PE-Manager bevorzugt, der eine erfolgreiche Personalarbeit in betrieblicher Praxis vorweisen kann.

9.2 Anforderungsprofil des Personalmanagers

Um die PE zu leiten, sind spezifische Voraussetzungen notwendig. Neben fachlicher Kompetenz sind besonders strategisches sowie firmenpolitisches Denken und Handeln unabdingbar. Aufgrund der Analysen von Stellenausschreibungen für PE-Leiter sowie Untersuchungen der Bundesvereinigung der Deutschen Arbeitgeberverbände gelten folgende Kriterien für ein aktuelles Anforderungsprofil des Personalmanagers:

- Qualifikation (Aus- und Weiterbildung),
- Berufs- und Führungserfahrung,
- Fachwissen,
- Persönlichkeitsmerkmale.

9.2.1 Qualifikation

Es sollte ein Hochschulstudium oder ein vergleichbares Qualifikationsniveau einer der folgenden Fachrichtungen vorliegen:

- Wirtschaftswissenschaften,
- Psychologie,
- Sozialwissenschaften,
- Pädagogik.

Ist ein Studium mit einer dieser vier Fachrichtungen absolviert worden, so sollten die praxisnotwendigen Inhalte der anderen

beiden Fachrichtungen durch entsprechende Weiterbildung er-
gänzend erworben werden.

9.2.2 Berufs- und Führungserfahrung

Im Anschluss an ein Studium sollte eine fünf- bis achtjährige
Tätigkeit in der PE folgen. Darin sollte eine mehrjährige
Führungserfahrung von ca. vier bis sechs Jahren eingeschlossen
sein. Von Vorteil ist, wenn in den Jahren der ersten Berufspraxis   **Firmenwechsel**
auch ein Firmenwechsel vorgenommen worden ist; dadurch wird
ein flexibles Denken bei PE-Aufgaben gefördert.

Der potentielle PE-Manager sollte eine verantwortliche Position
innegehabt haben:

* Leiter einer Personalabteilung, z.B. für gewerbliche Mitarbei-
  ter oder Angestellte,
* Leiter des Bildungswesens,
* Leiter des Sozialwesens,
* Leiter der Personalbetreuung,
* Assistent des Personalmanagers.

9.2.3 Fachwissen

Im Hinblick auf seine Berufspraxis sollte der PE-Manager die   **Allgemeinwissen**
Umsetzung relevanter Fachgebiete kennen oder beherrschen: **in der PE**

* Betriebliches Personalwesen,
* Kostenrechnung,
* Organisationswesen,
* Unternehmensführung,
* Personalführung.

Darüber hinaus sollte er Grundkenntnisse in den Bereichen

* Arbeits-, Tarif- und Betriebsverfassungsrecht,
* Betriebspsychologie,
* Didaktik

besitzen sowie die Fähigkeit, den Markt zu analysieren und wirt-
schafts- und sozialpolitische Zusammenhänge zu erkennen. Si-
cherlich ist es unrealistisch zu erwarten, dass ein PE-Manager diesem Anforderungsprofil vollkommen entspricht. Dieses Profil

stellt eine Idealvorstellung dar, die approximativ betrachtet werden sollte.

Akademiker in der PE

Der Erfolg des PE-Managers selbst liegt auch in der Hand seiner Mitarbeiter: Er ist nur so gut wie sein Team. Das bedeutet, dass auch die Anforderungen an PE-Kräfte entsprechend gewachsen sind. Der Anteil der Akademiker unter ihnen nimmt ständig zu. Ebenso wie vom PE-Manager wird von seinen Mitarbeitern fachliche Kompetenz sowie kreatives und flexibles Handeln erwartet. Reine Detailarbeiter mit einem schmalen Spektrum an Fachwissen sind genauso wenig gefragt wie Verwaltungsmentalität.

9.2.4 Persönlichkeitsmerkmale

Emotionale Intelligenz

Neueste Untersuchungen von Goleman (1999), die in den beiden letzten Jahrzehnten durchgeführt wurden, haben bewiesen, dass emotionale Intelligenz (EQ) im Vergleich zur kognitiven Intelligenz den Erfolg eines Managers zu 90 % bestimmt:

  Die Stärken und Schwächen eines Vorgesetzten in emotionaler Kompetenz haben für die Organisation messbare Auswirkungen und schlagen sich als Gewinn oder Verlust nieder. In 300 Untersuchungen wurde festgestellt: Firmen, die stark auf emotionale Intelligenz setzen, haben ein messbar höheres Betriebsergebnis.

Der EQ ist insbesondere für Personalverantwortliche, die primär mit Menschen umgehen, von großer Wichtigkeit. Er ist besonders relevant, um innerhalb des gesamten Unternehmensmanagements eine erfolgreiche Position einzunehmen (Olesch, 1999 b).

Erfolg auf den höchsten Ebenen, in Führungspositionen, lässt sich praktisch zu hundert Prozent mit emotionaler Intelligenz erklären.

Was macht nun den EQ aus? In den Untersuchungen von Goleman wurden erfolgreiche und gescheiterte Manager verglichen. Dabei wurden die Verhaltensweisen extrahiert, die die einen zum Erfolg, die anderen zum Misserfolg geführt haben. Fünf Kriterien erwiesen sich von besonderer Bedeutung:

1. Selbstwahrnehmung
2. Selbstregulierung
3. Motivation
4. Empathie
5. Geschicklichkeit in Beziehungen zu anderen.

Diese Begriffe werden folgendermaßen differenziert:

- **Selbstwahrnehmung:** Die eigenen inneren Zustände, Ressourcen und Intuitionen erkennen.
  a. Emotionales Bewusstsein, die eigenen Emotionen und ihre Auswirkungen erkennen.
  b. Zutreffende Selbsteinschätzung, die eigenen Stärken und Grenzen kennen.
  c. Selbstvertrauen, ein positives Selbstwertgefühl und eine entsprechende Einschätzung der eigenen Fähigkeiten besitzen.

- **Selbstregulierung:** Seine inneren Zustände, Impulse und Ressourcen handhaben.
  a. Selbstkontrolle, störende Emotionen und Impulse in Schach halten.
  b. Vertrauenswürdigkeit, sich an Aufrichtigkeit und Integrität orientieren.
  c. Gewissenhaftigkeit, Verantwortung für die eigene Leistung übernehmen.
  d. Anpassungsfähigkeit, Flexibilität angesichts des Wandels besitzen.
  e. Innovation, neue Ideen, Methoden und Informationen bereitwillig aufnehmen können.

- **Motivation:** Emotionale Tendenzen, die das Erreichen von Zielen leiten bzw. erleichtern.
  a. Leistungsdrang, einen hohen Leistungsanspruch zu erfüllen oder zu übertreffen suchen.
  b. Engagement, sich die Ziele der Gruppe oder des Betriebs zu eigen machen.
  c. Initiative, bereit sein, Chancen zu ergreifen.
  d. Optimismus, trotz Hindernissen und Rückschlägen beharrlich seine Ziele verfolgen.

- **Empathie:** Gefühle, Bedürfnisse und Sorgen anderer wahrnehmen.

a. Andere verstehen, die Gefühle und Sichtweisen anderer feinfühlig erfassen und an ihren Sorgen aktiv Anteil nehmen.
b. Andere entwickeln, die Entwicklungsbedürfnisse anderer erfassen und ihre Fähigkeiten fördern.
c. Bedürfnisse von Kunden erkennen und befriedigen können.
d. Die Vielfalt an Chancen, die durch die Verschiedenheit der Menschen entstehen, nutzen können.
e. Die emotionalen Strömungen und Machtbeziehungen in einer Gruppe erfassen, politisches Bewusstsein besitzen.

- **Geschicklichkeit in Beziehungen zu anderen:** Mit Geschick erwünschte Reaktionen in anderen hervorrufen.
  a. Einfluss haben, sich wirksamer Mittel der Beeinflussung bedienen können.
  b. Unvoreingenommen zuhören und überzeugende Botschaften aussenden können (Kommunikation).
  c. Konfliktbewältigung beherrschen, bei Meinungsverschiedenheiten verhandeln und sie beilegen können.
  d. Einzelpersonen sowie Gruppen inspirieren und lenken können.
  e. Als Katalysator des Wandels wirken, den Wandel initiieren und steuern können.
  f. Bindungen aufbauen, Beziehungen pflegen können.
  g. Mit anderen für gemeinsame Ziele zusammenarbeiten können.
  h. Beim Verfolgen gemeinsamer Ziele für Gruppensynergie sorgen können.

Sieben Künste der EQ

Es kann nicht erwartet werden, dass alle Eigenschaften und Verhaltensweisen gleichermaßen ausgeprägt vorhanden sind. Die Untersuchungen von Goleman haben belegt, dass eine gute emotionale Intelligenz besteht, wenn mehr als sieben Eigenschaften vorhanden sind. Besonders häufig sind bei erfolgreichen Managern folgende Persönlichkeitsmerkmale vertreten:

- Initiative
- Zielstrebigkeit
- Anpassungsfähigkeit
- Fähigkeit, andere zu beeinflussen

- Teamführung
- Politisches Bewusstsein
- Empathie
- Selbstvertrauen
- Fähigkeit, andere aufzubauen.

Gerade die Fähigkeit, andere zu beeinflussen sowie die Ausprägung eines politischen Bewusstseins sind für PE-Manager, die erfolgreich bei der Unternehmenssteuerung mitwirken wollen, von hoher Relevanz. Dabei sind persönliche Integrität und ethische Grundeinstellung wichtige Voraussetzungen.

Für PE-Fachleute, die gewillt sind, eine entscheidende Rolle in der Unternehmensführung zu spielen, bieten sich heute interessante Perspektiven. Die Voraussetzung liegen in der Persönlichkeitsstruktur und der Bereitschaft, sich den Anforderungen zu stellen und aktiv Führungsaufgaben zu übernehmen. Bei allem unternehmenstaktischen und –strategischen Know-how steht die starke Überzeugung, dass die eigene Arbeit wichtig ist, im Vordergrund. **Glaube an die eigene Arbeit**

 Verantwortliche Personalarbeit zu leisten, heißt auch, den täglichen Umgang mit unvollkommenen Menschen gern zu akzeptieren – und heißt vor allem, sich selbst in dieser unvollendeten Gemeinschaft wohlzufühlen!

Und last not least ist die Begeisterungsfähigkeit gegenüber den Mitarbeitern eines Unternehmens ein unbedingtes Muss. **Begeisterung als Schlüssel zum Erfolg**

 Nur wer für eine Idee das Leuchten in den eigenen Augen entfachen kann, wird den anderen mit seiner Idee entflammen.

10. Schlusswort

Personalentwicklung ist heute ein wichtiger Schlüssel zur Zu-kunftssicherung von Unternehmen. Qualifizierung, Entwicklung und Motivation von Mitarbeitern und Management stehen dabei im Vordergrund. Es sind die Faktoren, die auch Ihr Unternehmen fit machen, den Anforderungen des zukünftigen Marktes zu ent-sprechen. Schließlich sind es Ihre Mitarbeiter, die Ihr Unterneh-men erfolgreich agieren lassen.

Der Personalentwickler ist der Coach für eine erfolgreiche Mannschaft. Seine fachliche und persönliche Performance tragen entscheidend zur Fitness des Teams bei. Dabei ist dieser Coach nicht nur Personal- und Organisations-, sondern auch Prozess-entwickler. Ganzheitliches Prozessdenken ist immer mehr gefragt.

Bei der Prozessorientierung ist der starke Praxisbezug des Perso-nalentwicklers sein Erfolgsrezept. Mit diesem Buch erhalten Sie eine Reihe von praktizierbaren Ideen, Tipps und Werkzeugen, professionelle Personalentwicklung in Ihrem Unternehmen zu betreiben. Nun liegt es an Ihnen, sie in ähnlicher oder abgewan-delter Form im eigenen Unternehmen einzusetzen. Dabei gilt, wie im Vorwort erwähnt: Lieber 80 Prozent einer Idee umzuset-zen, als das 100 prozentige Ziel nie zu erreichen. Die Zukunft gehört dem aktiven und mutigen Personalentwickler, denn: Alles Gute geschieht nur, weil jemand mehr tut, als er tun muss!

Literaturverzeichnis

Domsch, M.E., Siemers, S.H.A., Fachlaufbahnen, Heidelberg 1994

Edwards, M.R., Ewen, A.J., 360°-Beurteilung, München 2000

Fuchs, J., Karriere ohne Hierarchie. Wie man in der Know-how-Gesellschaft Karriere macht, in: Personal 12, 1998

Goleman, D., Der Erfolgsquotient, München/Wien 1999

Grap, R., Gebbert, V., Gruppenarbeit in der Praxis, Herzogenrath 1995

Hansel, J., Lomnitz, G., Projektleiterpraxis, Berlin/Heidelberg 1993

Hendricks, G., Ludeman, K., Visionäres Management, München 1997

Klebert, K., Schrader, E., Straub, W.G., Kurzmoderation, Anwendung der Moderationsmethode in Betrieb, Schule, Kirche, Politik, Sozialbereich und Familie, bei Besprechungen und Präsentationen, Hamburg 1996

Knebel, H., Schneider, Taschenbuch für Führungsgrundsätze, 1994

Knebel, H., Zander, E., Arbeitsbewertung und Eingruppierung, Heidelberg 1989

Mayrshofer, D., Kröger, H.A., Prozesskompetenz in der Projektarbeit, Hamburg 1999

Müller, J., Stöpfgeshoff, S., Die Fachkarriere – Aufstiegsperspektiven trotz flacher Hierarchie, in: Personal 12, 1998

Olesch, G., Praxis der Personalentwicklung, 2. Aufl., Heidelberg 1992

Olesch, G., Schwerpunkte der Personalarbeit, Heidelberg 1997

Olesch, G., Die atmende Fabrik durch Arbeitszeitflexibilisierung, in: Gutmann, J. (Hrsg.), Flexibilisierung der Arbeit, Stuttgart 1997

Olesch, G., Lösungen zur Fehlzeitenreduzierung, in: Personalführung 1, 1998

Olesch, G., Analyse interner Kundenbedürfnisse und Schlussfolgerungen für die Personalarbeit, in: Personal 6, 1999

Olesch, G., Beurteilungs- und Entgeltsysteme für verschiedene Mitarbeitergruppen, in: Eifert-Kraft, D. (Hrsg.), Muster-Jahresgespräche und Zielvereinbarungen, Mering 1999 a

Olesch, G., Emotionale Intelligenz: Erfolgsfaktor im Personalmanagement, in: Personalführung 10, 1999 b

Olesch, G., Gestaltung von Laufbahnen in Zeiten flacher Hierarchien, in: Personalführung 4, 2000 a

Olesch, G., Flexible Arbeitszeiten zur Unternehmenssicherung, in: Angewandte Wissenschaften 3, 2000 b

Olesch, G., Personalmarketing als überlebenswichtige Know-how-Sicherung, in: Personal 6, 2000 c

Olesch, G., Management Manual, in: Personal 2, 2000 d

Radke, P., Klutmann, B., Managemententwicklung in einem Pharmaunternehmen – der Versuch ganzheitlich und praxisorientiert zu qualifizieren, in: Organisationsentwicklung 4, 1997

Rastetter, D., Commitment: Bindung neuer Mitarbeiter an das Unternehmen, in: Personal 12, 1998

Schuller, F., Mitarbeiterentwicklung in Zeiten flacher Hierarchien, in: Personalführung 6, 1998

Spie, U., Personalwesen als Organisationsaufgabe, Heidelberg 1988

Taubert, R., Piorr, R., Feedback-orientierte Potentialerhebung: Anhaltspunkte für Leistungsprognosen, in: Personal 4, 1999

Töpfer, A. Ziedler, M., Aufgabenfelder des betrieblichen Personalwesens für die 90er Jahre, in: Personalwirtschaft 5, 1987

Stichwortverzeichnis (Zahlen = Seiten)

Hinweise zur CD-Rom

Innovative Personalentwicklung©
C.H. Beck WirtschaftsVerlag 2000

Nutzung, Weitergabe und Verkauf der CD-ROM und der auf ihr gespeicherten Dateien sind nur in Verbindung mit dem gedruckten Buch zulässig.

1. Technische Hinweise

Die Fragebögen, Formulare und Checklisten sind als Dateien für Word 6.0 oder Exel 5.0 auf dieser CD-ROM gespeichert. Sie können mit Hilfe dieser Programme gelesen, bearbeitet und ausgedruckt werden. Zusätzlich wurden die Dateien in das neutrale PdF-Format umgewandelt, sodass diese mit Hilfe des Acrobat Reader von jedermann genutzt werden können.

2. Inhaltliche Hinweise

Die enthaltenen Instrumente entsprechen denen, die sich im Unternehmen der Autoren bewährt haben. Die Dateien der CD sollen es Ihnen ersparen, die Checklisten, Formulare, Fragebögen und Beispiele aus dem Text zu kopieren oder gar abzuschreiben.

Die Lektüre des Buches können und sollen die Dateien nicht ersetzen. Bitte verwenden Sie die CD zunächst nur zusammen mit der gedruckten Ausgabe, denn nur sie enthält die notwendigen Einführungen und Erläuterungen, die für den praktischen Gebrauch notwendig sind.

Wir empfehlen Ihnen, die Instrumente für die Verwendung in Ihrem Unternehmen anzupassen. Das beginnt mit einer Anpassung der Form an das Corporate Design (Schriftart, Logo, etc.) Ihres Unternehmens. Darüber hinaus sollten Sie prüfen, ob es u.U. sinnvoll ist, einzelne Elemente zusammenzufassen, zu verkürzen, zu erweitern oder auf eine andere Art zu modifizieren, um für Ihre Mitarbeiter den optimalen Nutzen zu erreichen.

Auch wenn wir Ihnen eine Formular-Sammlung an die Hand geben, wollen wir Sie damit nicht zum Formalismus anregen. Checklisten haben eine dienende Funktion, sie entlasten das Gedächtnis und sorgen dafür, dass Sie nichts Wesentliches vergessen. Wesentlich ist immer das Ziel, Mitarbeiter, Teams und ganze Organisationen erfolgsorientiert zu entwickeln.

Setzen Sie die Instrumente sinnvoll und kreativ ein und nicht um einer Form zu genügen. Eine sekundäre Funktion solcher Instrumente ist immer auch das Erreichen einer gewissen Einheitlichkeit des Vorgehens im Unternehmen. Einheitlichkeit muss jedoch dort ihre Grenzen haben, wo sie den Nutzen für die individuelle Entwicklung einschränkt oder gar gefährdet.

In diesem Sinne wünschen wir Ihnen viel Erfolg mit Ihrem Buch und Ihrer CD-ROM.

Buchanzeigen